李光赫◎著

条件复句的日汉对比研究

中国出版集团

世界图书出版公司

广州·上海·西安·北京

图书在版编目（ＣＩＰ）数据

条件复句的日汉对比研究 / 李光赫著 . -- 广州 : 世界
图书出版广东有限公司 , 2012.8
ISBN 978-7-5100-4096-2

Ⅰ.①条… Ⅱ.①李… Ⅲ.①语法－对比研究－汉语、
日语 Ⅳ.① H364

中国版本图书馆 CIP 数据核字 (2012) 第 163293 号

条件复句的日汉对比研究

策划编辑	刘锦宏
责任编辑	陈　洁
出版发行	世界图书出版广东有限公司
地　　址	广州市新港西路大江冲 25 号
电　　话	020-84459702
印　　刷	东莞虎彩印刷有限公司
规　　格	880mm×1230mm　1/32
印　　张	7.25
字　　数	250 千
版　　次	2012 年 10 月第 1 版　2013 年 5 月第 2 次印刷
ISBN	978-7-5100-4096-2/H・0751
定　　价	28.00 元

前　言

　　李光赫博士和张北林、张建伟老师合著的《条件复句的日汉对比研究》一书出版，作为同事由衷地为三位老师感到高兴，并为三位老师团结协作的团队精神喝彩。

　　《条件复句日汉对比研究》一书是在李光赫博士先前发表的著述『条件表現における日中対照研究』、『日中対照から見る条件表現の諸相』等系列研究的基础上，进一步联手张北林、张建伟两位老师在近五年所取得的研究新成果。在现实利益的驱动下追求"时效"，"功利主义"泛滥的当今，能够在十几年的时间里，集中精力，坚持不懈地就一个语言学具体课题进行系统地研究探讨，无疑是难能可贵的。肯于把自己的研究课题和已有的成果拿出来，与自己的同事共享，组成研究团队，开展合作研究，共同切磋，取长补短的研究模式，在当下更是值得我们学习和赞赏的。

　　近几年来，不断有人基于目前流行的哲学观点和语言学理论，对从语言结构和语言形式上研究语言，对语言进行描述性研究提出批评，其中有些意见十分中肯，很有见地。这样的批评，对开拓语言研究者的视野，对提醒语言研究者学会从不同角度审视自己的研究是有益的。同时，我个人认为：研究，也应该有不同的切入点。研究者，应该有自己的研究取向。在研究方法上，片面地强调孰是孰非，无益于学术的健康发展。季羡林先生在《关于义理、文章与考据》一文中引用清代姚鼐的话说："天下学问之事，有义理、文章、考证三者之分，异趋而同为不可废。"季羡林先生接下来说："在三者之中，我最不善义理，也最不喜欢义理。我总觉得，义理（理论）这玩意儿比较玄乎。公说公有理，婆说婆有理。"综览全文，我理解，季羡林先生并不是要否定理论研究，而是对那些没有学术根基，靠说梦似地"玄思妙想"忽悠别人的所谓理论研究不感兴趣。我崇尚季羡林先生在学术上的"务实"精神。

　　《条件复句日汉对比研究》总体上采用的是"例证"的方法，应该属于"实证研究"那一流吧。这样的研究，要直接面对大量的语言材料，要对大量的语言材料做细致的梳理、分析、分类，从中归纳出具有规律性的东西。靠这种朴实无华的研究方法，很难在短时间内取得惊天动地的创新性成果，"玄思妙想"也派不上用场，它更在乎研究过程的严谨，注重日积月累。要求研究者要耐得住

寂寞,要安得下心,要坐得住,要有那么一点"板凳要坐十年冷,文章不著半句空"为学问而学问的"殉道者"似地忘我。

对条件复句,无论是中文的,还是日文的,抑或是中日对比的,我都没有做过研究,因此,没有资格,也没有能力对三位老师的研究做具体的评论。我想,也许三位老师在研究实践中已经意识到了,虽然使用语料库研究语言已经十分普遍,但是,我们依然面临一些尚待解决的问题。语料库是不是对所有研究都具有"普适性"?语料库的内容、时间性、文体差异、语言风格等等,要不要在研究中加以区别?对比研究中该如何处理翻译资料的使用?现成的翻译资料的翻译,是不是都是准确、可信的?研究者自己的翻译是不是具有客观性?可以说,这是所有从事同类研究的研究者不能回避的问题。

总之,《条件复句的日汉对比研究》一书的出版,如实记录了以李光赫博士领衔的三位老师团结协作的研究成果,为日渐活跃的日语学界增添了一份生气。随着时间的推移,该书的出版一定会对促进日语教学和研究产生积极的意义。

杜凤刚

2012 年 7 月于大连

目　次

目　次

第Ⅰ部

序　論

第1章
日中両語の条件表現における問題点

第1節　日中両語の条件形式の不一致性

　日本語では条件文の形式として，ト，タラ，バ，ナラが扱われているが，中国語に訳した場合に条件文になる場合と中国語では条件文にならない場合がある．

1　中国語でも条件形式に訳される場合

　まず，日本語の条件形式を中国語でも条件形式に訳されている場合の例を挙げる．

（01）親分がベルを鳴らすと，遊廓じゅうの一軒々々にひびき渡り，お尋ね者に危険を知らせるのだそうである．　　　　　三島由紀夫『金閣寺』

　　　只要他一按电闸，整个花柳港的每一幢房子里都会响铃，把险情通知给被查的那位爷儿们．　　　　　　　　　焦同仁・李征 訳《金阁寺》

（02）証人さえいなかったら，地上から恥は根絶されるであろう．他人はみんな証人だ．それなのに，他人がいなければ，恥というものは生れて来ない．　　　　　　　　　　　　　　　三島由紀夫『金閣寺』

　　　只要没了证人，羞耻便会就地根绝了．不过，其他人也都是证人．因此只要其他人还在，羞耻便不会消逝．　　　　焦同仁・李征 訳《金阁寺》

　（01）は，「危険を知らせる」行為が不特定の「お尋ね者」に対してある時期に多回的に行われていることが伺わせるので，過去・現在の習慣を表す恒常的な条件を表す．この場合，中国語では，"只要 p,（就）q"という前提条件形式を用いる．また，（02）では，「証人がいなかったら」ではなく，「証人さえいなかったら」という最低条件を表す取立詞「サエ」を用いることで，最低前提条件を表すことから中国語では"只要 p,（就）q"という前提条件形式を用いる．

　「他人がいなければ」の「レバ」も条件を表す形式であり，同じく"只要 p,

| 3 |

(就)q"で表す.

　このように，日本語の「バ・タラ・ト・ナラ」形式を中国語でも基本的に条件形式"只要 p,(就)q" "如果 p,就 q"などで表すのが普通である.

　但し，日本語の条件文の形式であっても中国語では必ず条件形式で表すとは限らない. それは翻訳例からも説明できる.

2　中国語では非条件形式にならない場合

　次には，日本語の条件形式がが中国語に訳すと条件形式にならない場合の例を挙げてみる.

(03) 金剛院の御堂は，もっと昇ったところにある. <u>丸木橋をわたると</u>，
右に三重塔が，左に紅葉の林があって，その奥に百五段の苔蒸した
石段がそびえている.　　　　　　　　　　　三島由紀夫『金閣寺』
距金剛院大殿还有几许山路. <u>行过独木桥</u>,眼前又是一番景象.右有三
重塔,左有枫树林.林木深处是高高耸起的105蹬石阶.

　　　　　　　　　　　　　　　　　　　　　焦同仁・李征 訳『金閣寺』

(04) (略)，その場でお薄茶に乳をしぼって垂らして，呑ませてあげた云
うねんわ. そうして，<u>一ヶ月もたったら</u>，その恋人は戦死してしま
はった.　　　　　　　　　　　　　　　　　三島由紀夫『金閣寺』
(略),便当场沏了一碗茶,把乳汁挤到碗里让他喝了.<u>过了一个多月</u>,她
的恋人就死在战场上了.　　　　　　　　　焦同仁・李征 訳『金閣寺』

　このような事態連続を表す表現は日本語では「動作の連続・発見・発現」などと言われており，条件文の一環として研究されてきたが，中国語では単なる並列類の複文としている. 日本語の条件形式と中国語の条件形式の不一致性は次の表のようになる.

(05) ＜表＞

日本語の条件形式	中国語の条件形式
	中国語の非条件形式 （ゼロ形式など事態連続を表す形式）

3　中国語独自の条件形式

上で日本語の条件形式と中国語の条件形式の不一致性についてみたが，実は，中国語にも，中国語独自の条件形式がある．それは＜必須条件＞を表す

"p, 才 q"と唯一必須条件を表す"只有 p, 才 q"である．

(06) 由小集体到大集体再到全民所有制,最后消灭阶级以及阶级赖以生存的国家才能环球一片红,使三分之二还在水深火热中的人们全都过上好日子,……　　　　　　　　　　　　　　　　　　史铁生《插队的故事》

小集団から大集団へ，さらに全人民所有制へと至り，最後に階級及び階級制によって成り立つ国家を消滅させてこそ全世界を共産化でき，いまだ塗炭の苦しみに喘ぐ全世界の三分の二の人々によい暮らしをさせることができる．　　　　　　　　史鉄生『遥かなる大地』

(07) "你刚才说青年人要斗争,要反抗才有出路,可是,我还有点不大相信."　　　　　　　　　　　　　　　　　　　　　　　杨沫《青春之歌》

「あなた，さっき，青年は闘争すべきだ，反抗してこそ生きる道が見つかるのだといったわね．でも，わたしはまだ半信半疑だわ」

　　　　　　　　　　　　　　　　　島田政雄・三好一訳『青春の歌』

(06)，(07)は必須条件を表す"p, 才 q"形式であるが，日本語の「てコソ」構文に訳されている．例えば(07)は，「生きる道をみつかる」ためには，どうしても「闘争する，反抗する」必要があるとの意味で，前件が後件成立のための＜必須条件＞になる．

(08) 只有到吃饭的时候,到他为静宜准备的早餐的极端恶劣而伤心愤慨的时候,他才恍惚找到了他自己.　　　　　　　　　　王蒙《活动变人形》

食事の時だけ，静宜がこしらえた朝食のあまりの不味さに傷心し怒る時だけ，彼は忽然と自分を取り戻す．　　　　　　林芳 訳《応報》

(09) 栓儿在队里受苦再不多出力.只是譬如捞河柴的时候,他才又绷紧了浑身的筋肉.　　　　　　　　　　　　　　　史铁生《插队的故事》

栓児は生産隊の労働にはもうあまり精を出さなくなった．ただ流れてきた薪を引き揚げるというような場合だけ，全身の筋肉をぴんと張りつめるのだった．　　　　　　　　　　史鉄生『遥かなる大地』

（08），（09）唯一必須条件を表す"只有 p，才 q"形式である．

例えば，（08）「食事の時，傷心し怒る」場合だけ後件が成立するという意味で，言い換えると，「彼が自分を取り戻す」ためには「食事の時，傷心し怒る」といった状況（場合）が（唯一に）必要であることを言う．

以上のように，中国語の独自の条件形式"p，才 q"，"只有 p，才 q"は日本語では，従来，条件形式として捉えてない取立詞関連の「てコソ」，「時（場合）ダケ」構文で表す．言い換えると，中国語の条件形式も実は日本語では条件形式に訳す場合と，非条件形式に訳す場合があるといえる．

（10）＜表＞

日本語の非条件形式（取立詞関連複文）	中国語の条件形式
日本語の条件形式	

以上の第1節，第2節の対訳例からみると，日本語と中国語両言語における条件形式の対応関係は，次の（11＜図＞）のように不一致性が見られる．

（11）＜図＞

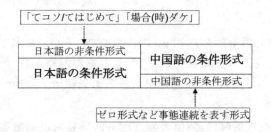

4　論理関係と形式の相関

このように考えると，個別言語によって条件文のとらえ方には相違点と共通点がある．つまり，条件文を論理的に考える場合，次のような観点が必要である．

（12）＜図＞

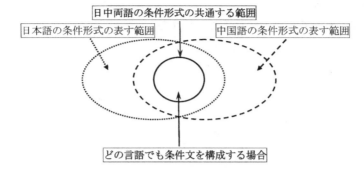

日中両語の条件形式の共通する範囲

日本語の条件形式の表す範囲　　　　中国語の条件形式の表す範囲

どの言語でも条件文を構成する場合

　つまり，日中両語の条件形式の共通点と相違点を考察することで，どの言語でも条件文を構成するといった，言語一般の条件文の本質へのアプローチが可能になる．言語一般として成り立つ条件文は，＜図表112＞のように，日中両語の条件形式の共通する範囲内にあるかもしれないし，＜図表113＞のように，言語一般の条件文は日中両語の条件文形式すべてを包含しているかもしれない．

（13）＜図＞

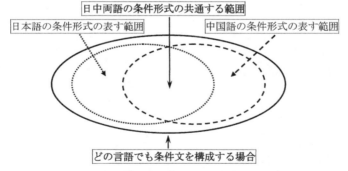

日中両語の条件形式の共通する範囲

日本語の条件形式の表す範囲　　　　中国語の条件形式の表す範囲

どの言語でも条件文を構成する場合

　日本語の条件文の従来の研究は，四つの条件形式の交替を日本語内部の問題として捉えてきた．即ち，従来の研究はあくまで国文法論的な研究であったと言える．しかし，中国語という外国語と対照するには，条件文という言語現象をもっと一般的な問題として条件文一般の研究の中で議論していく必要がある．そうすることによって，日中両語の条件文形式が，条件文一般の研究の中でどの位置に位置するかを解明するための手がかりになるといえるかも知れない．

　条件文一般の研究の中で議論していくには，論理言語的アプローチが必要になってくる．

　この点，次節で詳しく触れることにする．

第2節　研究方法と本論の構成

1　従来の条件文研究の問題点解決にむけて

日本語の従来の条件文の問題点は大きく二つあげることができる.

一つは，日本語の条件文で提起されてきた問題が，条件文一般の研究の中でどう位置付けるか，つまり，日本語の四つの条件形式の交替を日本語内部の問題として捉えるのではなく，もっと一般的な問題として捉えるべきである. 本論で取り上げるようとするのは，事態連続を表す日本語の条件形式「ト・タラ」と「条件文一般の時間性」との関係を明らかにし，事態連続を表す形式が条件文の一般の研究での位置関係を明確にする.

(14) 春になると花が咲く,冬になると雪が降る.　　＜ポテンシャリティ＞

(15) 冬になると大雪が降り出した.　　　　　　　　＜アクチュアリティ＞

例えば，(14)は「春になる」→「花が咲く」，「冬になる」→「雪が降る」といった事態連続として捉えられるが，文全体として一般的条件を表す条件文にしかならない. この点，単なる事態連続である(15)とは大きく異なると言える.

もう一つは，自然言語の条件文研究で提起されたさまざまな問題を日本語の条件文の研究でどう位置付けるかという問題.

それには，反事実的条件文，条件文と否定，条件文と主題，そして条件文の統語構造，といった問題もあるが，本論では，論理的な関係と言語形式の相関について見ていくことにする. 論理関係というと，従来条件形式の研究で言われていたバ形式の「分説的」で，「裏の意味をもっている」ことを触れなければならない. このような問題を解決するためには，誘導推論および前提条件・必須条件と言語形式との相関について見る必要がある.

従来の日本語の条件文研究では，必須条件と前提条件に関する分析はなされていない. これは，日本語には形式的に直結した形式がないからである.

(16) このような病気はこの薬を飲めば治ります.　　　　　＜前提条件＞

　　　cf. このような病気はこの薬サエ飲めば治ります.

(17) 二十歳になればタバコは吸える.　　　　　　　　　　＜必須条件＞

　　　cf. 二十歳になってコソタバコは吸えるんだ.

(18) このような病気はどうすれば治りますか.　　　　　　＜必須条件＞

　本論ではこのような前提条件・必須条件の立場から，従来の研究で問題にされた誘導推論及び条件文の裏の意味，条件文の反期待性などの問題を考察しようとする.

2　研究方法と本論の目的
　まず日本語の条件文をタクシス的・条件的2分類する.
　形式的に表す直結した形式がない日本語の必須条件構文と前提条件構文を日中両語を対照しながら条件文の一般の研究への位置付けを目指す.
　また，反事実仮定及びナラ条件文についても，対訳コーパスなども参照しながら対照的考察をして，日中両語の条件表現の全容を探る.
　対偶的な意味を持っている必須条件と前提条件視点からナラ条件文も含む日中両語の条件表現共通モデルを目指す.

3　本論の構成
　本論は次の四つの部分に構成されている.
　第Ⅰ部　序論　研究目的
　第Ⅱ部　従来の研究と本論の立場
　第Ⅲ部　各条件形式の日中対照
　第Ⅳ部　日中両語の条件表現の共通モデル構築にむけて

3.1　第Ⅰ部　序論　研究目的
　第Ⅰ部序論は，第1章「日中両語における形式と論理の問題」で構成されている．日本語では取り立て詞関連複文（てコソ，時ダケなど）が条件形式とされていないが，中国語ではそれに対応する形式が条件形式として扱われている問題と日本語の事態連続を表す表現（ト形式など）が中国語では条件形式として扱われていない問題を取り上げている．このような問題を解決す

るには，日中両語の条件文をもっと一般的な問題として条件文一般の研究の中で議論していく必要性を主張した．条件文一般の研究といえば，言語一般として成り立つ条件文の共通モデルが存在するはずである．その言語一般の条件文の共通モデルへのアプローチが必要になってくる．そのための第一歩としてまず本論では，日中両語の条件表現の共通モデル構築を目指す．つまり前提条件・必須条件の立場から日中両語の条件表現の共通モデルへのアプローチを試みようとした．

3.2　第Ⅱ部　従来の研究と本論の立場

　第Ⅱ部では日中両語の従来の研究の問題点と本論の立場について論じた．

　第2章「日本語の条件文の従来の研究」では，従来の日本語の条件文研究で問題にされた「自然言語の条件文研究で提起されたさまざまな問題が日本語でどのように議論されるか」という問題と「日本語の条件文で提起されてきた問題が条件文一般の研究の中でどう議論されていくか」という二つの問題を踏まえた上で「条件文分類の問題（条件的・タクシス的）」「条件文研究方法の問題（論理言語と条件文の関係）」「条件文記述研究の問題（期待性・反期待性，取立詞関連条件文）」などの問題について提起した．

　その上で，従来の研究を踏まえて日本語の条件文をまず次のように分類した．

　条件文をまず「条件的・非条件的（タクシス的）」に，「条件的」表現を「一般的・非一般的」条件に，更に「非一般的」を「仮定的・非仮定的」に，といった3段階に分類した．

　第3章「中国語の条件文の従来の研究」では，中国語の従来の複文の研究を踏まえて形式的分類として"就""才""那么"三形式を取り上げた．"就"と"才"はお互いに対偶的意味を持っており，"那么"は"就・才"と違ってナラ条件文に近い形式である．中国語の条件文の意味的分類は，日本語と同じく「条件的・非条件的」に，「条件的」表現を「一般的・非一般的」条件に，更に「非一般的」を「仮定的・非仮定的」に，といった3段階に分類した．

3.3　第Ⅲ部　各条件形式の日中対照

　第Ⅲ部は条件形式の各論として4〜7章から構成されている．

　第4, 5章,「事態連続を表すト形式」では主に事態連続を表すとされるト形式についてポテンシャル・アクチュアルの立場からそれに対応する中国語の形式"就"について対照的考察をした. 各条件形式の中でもっともタクシス的な表現になるト形式は, ポテンシャルな事態を表す時は基本的に条件的表現になり, アクチュアルな事態を表す時は基本的にタクシス的表現になる. このようなト形式と中国語の"(一)P, 就 Q"形式を＜時点・時段＞の立場から考察した.

　第6, 7章「条件文の裏の意味と誘導推論」では条件文の前提条件・必須条件の立場から, バ形式を中心に条件文の裏の意味・誘導推論問題および反期待性の問題について考察し, 次の3点にまとめた.

　①日本語の条件形式の前件は, 基本的に＜前提条件＞を表しているのに対して, バ形式の前件は, 後件成立のための＜必須条件＞として解釈される場合がおおく, その条件をクリアして始めて後件が成立するという意味で「後件成立への期待の存在」がある. そのため後件には, 反期待的な内容が現れない.

　②バ形式が＜前提条件＞読みになる場合はト・タラ形式と同様,「前件成立に伴う当然たる結果(結論)」を表しており, 反期待的内容も表し得る.

　③(バ形式以外のト・タラ形式も含めて)条件文では＜必須条件＞読みの場合, 前件をクリアしないと後件が成立しないとの意味で誘導推論を引き起こせるのに対して, ＜前提条件＞読みの場合はそのような意味合いを持っておらず誘導推論を引き起こさない.

　中国語では前提条件と必須条件形式が "(只要)p, 就 q""(只有)p, オ q" 二つにはっきり分かれているのに対して, 日本語の条件形式(特にバ形式)は前提条件と必須条件の関係が曖昧であり, 前提・焦点といった情報構造を表示する便利な標識はない. そのため取立て詞と併用しての形式「Pサエ(スレ)バQ」「PてコソQ」「P時ダケQ」などで二つの条件関係を使い分けていると言えるだろう.

　第8章「反事実仮定について」では, 日本語には反事実仮定を表す明示的な言語形式がないのに対して中国語には反事実仮定専用形式"要不是 p, 就 q"が存在する. しかし日本語の条件文タラ・バ形式に状態性述語を用いる場合, より一般的に反事実仮定に結びついている. 中国語の仮定形式"如果 p, 就 q"も状態性述語を用いる場合, 反事実仮定を表す傾向があることを確

認した.

　第9章「ナラ条件文」ではナラⅠを中心に中国語と対照的考察をした. ナラ条件文は従来ナラⅠとナラⅡに分けている. ナラⅡは仮定表現であり「トスレバ」と交換性を持っており, 基本的に"如果 p,那么 q"に対応する. ナラⅠは根拠による推論である. そのため既然の根拠を元に行う推論である"既然 p,那么 q"とナラⅠが対応すると考えがちだが, 実はナラⅠにも仮定的に捉える表現がある. 仮定的に捉えているか事実的に捉えているかは, 聞き手から得た根拠(①聞き手に関して観察される様子(他者の意図, 希望, 感情など), ②聞き手から得た情報(他者の主張))を話し手がどう捉えているか(話し手の捉え方)に関わる. ①は「聞き手から観察される様子」なので話し手が仮定的に捉えるしかならない. ②「聞き手から得た情報」を話し手が事実と認めている場合は事実的な表現になるが, その真実がまた不明な場合は仮定的捉える. 即ちナラⅠも話し手が事実と認めている場合は"既然 p,那么 q"に対応するが, 話し手が仮定的に捉える場合は"如果 p,那么 q"に対応する.

3.4　第Ⅳ部 日中両語の条件表現の共通モデル構築にむけて

　第10章「日中両語の条件文の体系」では日本語の条件表現を「タクシス的・仮定的・論理的」3分類した.「タクシス的」表現はアクチュアルな事態を表し「論理的」表現はポテンシャルな事態を表すのに対して「仮定的」表現はアクチュアル・ポテンシャルな事態どちらも表すことができる.

　モデルⅠ:「論理的」モデル

　「論理的」関係という立場から, 日本語の条件文を＜前提条件＞・＜必須条件＞に二分化した. 更に,ナラ形式はこれらの形式と異なる範疇に属する根拠による推論なので別分類をしてきた.

　モデルⅡ:日中両語に共通する「論理的」モデル

　日本語のト・タラ・バ形式は基本的に前提条件を表すとされるが, 場合によって必須条件を表すこと. その他, 必須条件を表す専用形式「てコソ/てハジメテ」「時ダケ/場合ダケ」がある. 中国語では前提条件を表す"就"と必須条件を表す"才"がある. またナラ形式と同じく根拠による推論を表す"那么"がある.

　モデルⅢ:日中両語の条件表現の全体的モデル

　日本語の条件表現を「タクシス的・仮定的・論理的」3分類できる.

　日本語の条件表現は典型的には「ト・タラ・バ」形式がある. ト形式はより「タクシス的」で, バ形式はより「論理的」である. 中国語の条件表現は典型的には"就"がある. "一,就"はタクシス的専用形式"如果,就"は仮定的専用形式である.

　その他, 論理関係を表す専用形式として日本語には「サエ＋バ(前提条件)」「てコソ/てハジメテ(必須条件)」「時ダケ/場合ダケ(必須条件)」, 中国語には"只要,就(前提条件)""才(必須条件)""只有,才(必須条件)"などがある.

　また, ナラ形式は仮定的である「ナラⅡ」根拠による推論を表す「ナラⅠ」がある. ナラⅠは与えられた根拠(前件)を元に推論を行い話し手の判断・態度(後件)を表明する形式であり, 前件と後件が論理的関係を持っているといえる. 仮定的ナラは中国語では"如果,那么"で, 論理的推論を表すナラは中国語で"既然,那么"で表す.

第Ⅱ部

従来の研究と本論の立場

第2章
日本語の条件文の従来の研究

第1節　日本語の複文における条件文の位置

　第一章では，日本語の条件文の従来の研究について整理してみる．

　日本語の条件文の従来の研究について見る前に，複文における条件文の位置について確認しておく必要がある．

1　南説における日本語の文構造

1.1　単文の階層構造

　南(1974，1993)では，日本語の(単)文の階層構造について，A段階(描叙段階)，B段階(判断段階)，C段階(提出段階)，D段階(表出段階)に分けている．現代のモダリティ論に言い換えるとそれぞれ，A命題の核，B命題，C認識モダリティ，D伝達モダリティに相当するものである．

　A段階＝描叙段階(命題の核＝テンス未分化，相対的・非限定的)
　　　　　　　　　　　　　　　　　…………………………… Content domain
　B段階＝判断段階(命題＝テンス分化，肯定・否定，個別・総称，確定・未
　　　　　　定，現実・非現実)………………… Content domain
　C段階＝提出段階(認識モダリティ)………………… Epistemic domain
　D段階＝表出段階(伝達モダリティ)………………… Speech domain

　(01)＜図＞

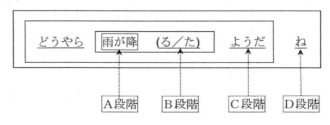

　図1からもわかるようにA段階はテンス未分化の段階であり，テンスが関与しない．B段階は「ル・タ」といったテンスの分化がある段階で，C段階は認識モダリティ領域であり，D段階は伝達モダリティ領域になる．

　A段階＝テンスが関与しない

　B段階＝テンスが関与する

　C段階＝テンスだけでなく（認識）モダリティも関与する

　D段階＝スピーチ・伝達領域の表現

1.2　複文の階層構造

南説は従属節の内部にどれだけの範囲の要素が現れ得るかという基準を立てている．

　まず，南説は従属節を次のようにA類，B類，C類に分けている（南1993, p41, 42）．

　A類：〜ナガラ＜非逆接——「カネガアリナガラ出ソウトシナイ」などの逆接の意味でないもの＞，〜ツツなど．

　　　　構成要素の範囲がもっとも限られている．

　B類：〜タラ，〜ト，〜ナラ，〜ノデ，〜ノニ，〜バなど．

　　　　構成要素の範囲がA類より広くなるが，次のC類よりは狭い．つまりAとCの中間．

　C類：〜ガ，〜カラ，〜ケレド（モ），〜シなど．

　　　　構成要素の範囲がもっとも広い．

（02）＜表＞

A類	B類	C類
〜ナガラ＜平行継続＞ 〜ツツ 〜テ$_1$ 連用形反復	〜テ$_2$, **〜ト** 〜ナガラ＜逆接＞ 〜ノデ，〜ノニ **〜バ，〜タラ** **〜ナラ**，〜テ$_3$ 〜連用形，〜ズ（ズニ） 〜ナイデ	〜ガ 〜カラ 〜ケレド 〜シ 〜テ$_4$

　こうした従属句における諸成分，諸要素の表れ方は，それらの共起のしかたに段階的な差があることを示す．その段階をつぎのように分けている．

A 段階：述部が，肯定か否定か，過去か非過去かが決まらなくても，また推量の言い方かそうでないかが決まる段階にならなくても，その述部（の用言）と共起できる述部以外の諸成分がある．これは上にあげたA類の従属句（〜ナガラで示した）に現れる述部以外の諸成分である．

B 段階：述部が，肯定か否定か，過去か非過去かがきまる段階になって，そして，推量の言い方かそうでないかが決まる段階にならなくても，その述部と共起できる述部以外の諸成分がある．これは，B類の従属句（〜ナラで示した）に現れる述部以外の諸成分で，A類の従属句にすでに現れていたものを除いたものである．

C 段階：述部が，推量の言い方かそうでないかが決まる段階になって，はじめてその述部と共起できる述部以外の諸成分がある．C類およびB類の従属句にすでに現れていたものを除いたものである．

2　条件形式における階層的分類

　南説の［A 段階］［B 段階］［C 段階］［D 段階］は，その基本的な性格においてそれぞれ益岡説の［事態命名レベル］［現象レベル］［判断レベル］［表現・伝達レベル］にほぼ対応するものである．細部において考えの異なる箇所があると言え，文の概念レベルとその複文表現への投影という考えの基本は明らかに，南の研究の中に見出されるものであり，その意味での益岡説は，南説の延長上に位置づけられるべきものである．

　しかしながら，南説と益岡説の見方は条件節の分析に関しては，著しく対立するようにも見える．

　益岡説では，レバ形式，タラ形式，ナラ形式をそれぞれ，事態命名レベル，現象レベル，判断レベルにおける条件を表現し，概念レベルの違いを投影するものと考えている．これに対して，南説では，「〜バ」「〜タラ」「〜

ナラ」という従属節は，すべてB類に属するものとされている（図表02参照）．

　このような見方の違いが生じる理由は，所与の従属節がどの段階にぞくするかの判定について，南説が，従属節の内部にどれだけの範囲の要素が現れ得るかという基準を立てている点にある．

　この場合，従属節の内部というのは，接続要素に先行する部分のことであり，条件節でいえば，「ば/たら/なら」に先行する部分ということになる．この基準のもとでは，南の指摘にあるように，レバ形式，タラ形式，ナラ形式の間に大差は見られないように思われる．条件節の内部に現れ得る要素の範囲は，これらの形式の間でかなりの程度に一致するからである．

　これに対して，益岡説では，（従属節の段階を問題にする時に対象にすべきものは）接続要素を含む従属節全体であって，接続要素に先行する部分ではないと考えている．条件節の場合で言えば，従属節と言う時は，「れば/たら/なら」という接続要素を含む「〜れば」，「〜たら」，「〜なら」という表現全体を対象とすべきであって，接続要素に先行する部分だけを対象にすべきではないことである（益岡1997，p110〜117）（※注：益岡説は「従属節の内部に現れ得る要素の範囲という視点を，分析の重要な手がかりにはするものの，決定的な基準として用いることはしない」と考えている）．

（03）＜表＞

A：事態命名レベル	B：現象レベル	C：判断レベル
〜れば	〜たら	〜なら

3　条件形式における本論での分類

A：事態命名レベル	テンスが関与しない．
B：現象レベル	タ形というテンスが関与する．
C：判断レベル	テンスの分化およびモダリティも関与する．

　益岡説は，上記のように三つのレベルに分けているが，条件文の形式にはもう一つ「～ト」形式がある．ト形式は，従来レバ形式，タラ形式，ナラ形式と共に典型的な条件表現として扱われてきた．ト形式は「その表現の一部が派生的に条件表現を作り上げるに過ぎない（益岡1997．p60）」ことから他の条件表現と同列に扱うことができない．

　また，ト形式の文の基本は，「前件と後件で表される二つの事態の一体性を表す点にあると見ることができる．前件で表される事態と後件で表される事態とが継起的に実現するものとしてわかちがたく結びついていることを表す，広義の順接並列の表現の一つである（益岡1997．p60）」とされている．

　以上の理由から，益岡説では，条件形式の階層的分類にト形式を触れていない．しかし，ト形式も条件を表し得るひとつの形式である以上，階層的分類に入れるべきだというのが本論の立場である．

　ト形式は前接形式がル形であり，タラ形式はタ形にラがついたと考えられる．

　ト形式　　　＝　　ル（現在未来形）＋ト

　タラ形式　　＝　　タ（過去形）＋ラ

　構文的相違：時間的継起・同時性を表すト形式は，P節命題とQ節命題が同じ資格のものとして結び付き，統一的関連性で結ばれているとされている．

（04）彼は〔【上着を脱ぐ】と【上着をハンガーに掛ける】〕た．（P₁トP₂）

　　　（04）では，「〔上着を脱ぐ〕，〔上着をハンガーに掛ける〕という時制辞を含まない命題（これを時制辞含むSと区別する意味で以下‘P’と表記しよう）を同じ資格のものとして結び付けており，その全体に時制辞の「タ」が結び付けられるという形になっていると考える（国広1982．p269）」．

　いわゆる終止形は，特定の「述べ方」を表示するわけではなく，無標形式として文を独立・終止させるという機能だけをもつ形態である．無標形式であるからこそ，文脈環境によって，様々な意味で使うことができる（森山2000，p16）．ここでは，従属節のル形に文末の時制辞の「タ」の影響を受けて「彼は上着を脱いで，ハンガーに掛けた」という意味になる．

　国広（1982）の表記に沿って解釈すると，ト形式の場合は「P₁トP₂」になる

が, タラ形式の場合は「S₁タラ S₂」になる.

(05) 父は【横に<u>なった</u>】ら,【すぐ眠ってしまっ<u>た</u>】.　　　（S₁タラ S₂）

　バ形式, ト形式, タラ形式の従属節の独立度(区切りの大小)を見ると次のようになる. ト節は, バ節より独立性が高く, タラ節より独立性が低いのである. 文を独立・終止させる「ル形＋ト」形式の階層を B 現象レベルに準ずるものと見るべきである. それで, 本論ではト形式を「現象レベル：B－1」とし, タラ形式を「現象レベル：B－2」とする.

(06) 日本は　　| 春になれば　| 桜の花が満開になる |.

(07) 彼は　　　| 部屋に入る | と帽子を脱い　| だ.

(08) 父は　　| 横になった | ら | すぐ眠ってしまった |.
　　　A：「事態命名レベル」(語幹)テンスが関与しない ……………… バ形式
　　　B－1：「現象レベル」(ル形)文末テンスに左右される ……… ト形式
　　　B－2：「現象レベル」(タ形)文末テンスに左右されない … タラ形式
　　　C：「判断レベル」テンスの分化およびモダリティも関与する ………
　　　……………………………………………………………… ナラ形式

　更に, 条件節の階層について, (三上1959)では次のように分けている.
　　　スレバ　　（基本条件法）　　　　　シタラ　　（完了条件法）
　　　スルナラ（組立て条件法）　　　　スルト　　（終止形＋接続助詞）
　　　シテハ　　（中立法の提示法）　　　シテモ　　（譲歩の提示法）

　そして, このような形式の意味を明らかにする場合には, 係りとしての硬軟の程度を考えなければならず,「動的構文論」的な働きを見なければならないという. その時期にしては, 卓越して指摘が見られる. スレバ・スルト・シタラの意味は, 次のように考えられている.
　　スレバ―起こりそうか否かを棚上げのある事が起レバ

　　（後半に対しては当然の関係）
　シタラ―起りそうな事，または起りそうにない事が起ッタラ
　　（後半に対しては関与，または因果の関係）
　スルト―起りそうな事が起ルト
　　（後半に対しては不関与の関係，不明の関係）

　そして，スレバは軟式であるが，スルナラは，ほぼ硬式に分類されている．ところが，同じナラでも，シタナラはむしろ，シタラと同価に捉えられている．シタラは，その表す意味によって硬式か軟式かに分けられる．
　①　仮定万一のシタラ…活用形自身に重みがかかるから，後半との間が
　　　　　　　　　　　割れて硬式になる．
　②　起りそうな事が起ッタラ…軟式

　このようなことから，三上(1963)では，区切りの大小として次のようにまとめられている．

(09)　｜　スレバ　＜　スルト　＜　シタラ，スルナラ　｜

　次は，ナラ形式についてみることにする．ナラ形式は従来二つの用法があるとされている．またそれぞれB段階C段階に属するとされている．
　南(1974)で示された文の階層構造と意味の対応から条件節を扱ったものに綱浜(1990)がある．そこでは，ナラとカラがパラレルに捉えられている．綱浜は，南のB段階に属するナラ(ナラb)とC段階に属するナラ(ナラc)に分けることを提案している．
　(10) ナラb…事態成立の条件
　　　　ナラc…話し手の結論を導くための根拠

　まず，ナラbは，B段階のナラであり，ある事態の真偽や実現可能性などに関して取敢えず可能な事態として話し手がP(前件の命題)を設定し，それを土台にしてQ(後件の命題)を導く用法である．久野(1973)では「ナラⅡ」としている．
　(11) もし太郎が出るのなら，彼がピッチャーだろう．(ナラb)

　ナラcはC段階のナラであり，本来のナラの用法である．そのためか久野（1973）では「ナラⅠ」としている．ナラcは他者（典型的には聞き手）の意向・主張と，それを根拠とする話し手の発話意図（決意・判断・要求）の関係づけを行うのをその原型的用法にもつ（「聞き手の断定」とも言われている）．

　(12)　X「太郎が試合に出るんだって」

　　　　Y「太郎が試合に出るのなら，彼がピッチャーだろうね」（ナラc）

　このような，ナラbとナラcの従属節の区切りの相違は次のようになる．

ナラb：　| もし太郎が出るのなら | 彼がピッチャーだ | 　だろう

ナラc：　| 太郎が試合に出るのなら | 彼がピッチャーだろう ね |

　以上のような条件形式「バ・ト・タラ・ナラ」を用いる従属節の階層的分類として次のように整理できる．（動詞の過去・非過去時制からの分類は，有田2003による（有田2003，p88参照））

　A：「事態命名レベル」（語幹）テンスが関与しない ………………… バ形式
　　　（「動詞語幹＋(r)eba」　⇒　バ形式）

　B－1：「現象レベル」（ル形）文末テンスに左右される …………… ト形式
　　　　（「動詞語幹＋非過去時制＋to」　⇒　ト形式）

　B－2：「現象レベル」（タ形）文末テンスに左右されない ……… タラ形式
　　　　（「動詞語幹＋過去時制(ta)＋ra」　⇒　タラ形式）

　B－3：「現象レベル」従属節の(ル・タ)テンスの分化ある …… ナラⅡ形式
　　　　（「動詞語幹＋非過去時制((r)u)/過去時制(ta)＋nara」⇒ ナラⅡ形式）

　C：「判断レベル」テンスの分化およびモダリティも関与する ……………
　　…………………………………………………………………… ナラⅠ形式
　　　（「動詞語幹＋非過去時制((r)u)/過去時制(ta)＋nara」⇒ ナラⅠ形式）

第2節　条件文の形式的・意味的分類

1　条件文の形式的分類

　日本語の(順接)条件を表す条件文の形式は，「～バ」「～ト」「～タラ」「～ナラ」四つの形式がある．それぞれ形式の違い表す意味も違ってくる．本節ではそれぞれの形式の特徴を整理してみる．

1.1　バ形式

1.1.1　恒常的一般的関係

　バ形式は，条件関係を表す(即ち，その裏に「～でなければ後件は起らない」ことを含む)．前件と後件の組み合わせによって時間を超えて成り立つ一般的な因果関係を表すというものである．すなわち，個別的事態が問題となるのではなく，事態間の一般的依存関係に対する認識を表すものである．

　①一般的依存関係：pとqが自然の法則・社会の法則など，一般的に成り立つ因果関係によって結ばれる事態・出来事を表す表現である．
　(13) チリも積もれば山となる．
　(14) 氷が溶ければ水になる．
　(15) 台所を見れば，女はわかる．
　(16) 誠意をもって接すれば気持ちが通じるものだ．

　②現在の反復・習慣：現在の反復的事態や個人の習慣を表す．「いつも」「必ず」「よく」「ときどき」「たまに」などの副詞がよく使われる．
　(17) 父は私が遅く帰れば怒る．
　(18) 私は誘われればすぐついていく．
　(19)『19番ホールで軽く飲(や)ればいつも心はあたたまる』(書籍名)

　③過去の反復・習慣：過去の反復的事態や過去の習慣を表す．文末は「～していた」「～したものだ」になることが多い．

(20) 昔は，悪いことをすれば，知らない大人に叱られたものだ．

(21) あのころは学校にいけば，図書館に寄ったものだ．

(22)「しかし，三等はもっとひどい食事だろう．なんでも，中間をとるの
　　　がいいんだよ．おれのお袋は，ウナどんをとるのでも，上中下とあ
　　　れば，必ず中を注文したものだ．ところで，赤ブドウ酒のほうはど
　　　んな味かな？」　　　　　　　　　　　　　　　北 杜夫『高みの見物』

　バ形式は，恒常条件・一般条件などと呼ばれる表現に見られるような，条
件の一般的非個別的傾向が強い．従来「非個別性」とよばれていたのである
（山口1969）．　そのようなバ形式は，本来時間的概念を持たず，「と」に比
べて具体性に乏しく，観念的想像による場合が多い．「条件結果の因果関
係を客観的に把握することを本姿とする」から，結果の句に話し手の主観や
恣意が許されない（森田1967）．

1.1.2.　期待性・反期待性

　バ形式は，後件が，社会通念に反する［反期待性］の意味内容を表すこと
ができない．例えば次のような現象である．

(23) a.＊よそ見をしていれば，けがをしますよ．
　　　 b.ここで待っていれば，バスがきますよ．

　この現象は，McGloin（1976，1977）において中心的に扱われている．
McGloinは，久野（1973）やAlfonso（1966）のように，前件と後件の関連性に
注目するだけでは十分でなく，「前件を表す内容に対する話し手の肯定的或
いは否定的態度」が「と」「たら」「ば」の生起を決定する際に，究極的な役割を
果たすと主張している．　そして「ば」には，「前件に対する話し手の態度が
肯定的である」という生来の性質があるとし，（23）のような現象を説明して
いる．一方，「と」「たら」にはそのような性質がないから，次のように「ば」
とは異なる振舞いをすると説明している．

(24) そんなものを食べ（ると/たら/＊れば）病気になりますよ．

　更に，「あまり」のような否定的対極表現が「と」「たら」節には入るが，
「ば」節には入らないという現象を，「ば」の「肯定的前提」という主張を

Supportするものとして提示している.

（25）<u>あまり</u>勉強（すると/したら/<u>*</u>すれば）病気になりますよ.

　McGloin(1976,1977)は，バ形式の前件に対する話し手の態度が肯定的であるしている.　McGloinのように,「ば」の本質的意味の中に，期待・反期待に関わる面を認めようとするものに，小出他(1981)がある.　小出他は,「ば」の基本的性格の中に,「S₂にはS₁の行為者の利益になる内容がくる」や,「S₁に行為者がない場合，S₂にはS₁から考えて，社会的通念に沿った期待に合致する内容がくる」を掲げている.

（26）小出 他(1981)

「ば」…S₂にはS₁の行為者の利益になる内容がくる.

　　　S₁に行為者がない場合，S₂にはS₁から考えて，社会通念にそった期待に合致する内容がくる.

　一方，蓮沼(1987)は，Inoue(1979)，McGloin(1976, 1977)，小出他(1981)の主張とは一線を画している.　蓮沼の主眼点は,「ては」と「ば」の選択要因を明らかにすることにあり，テハ文に対し，後件が[反期待性]の意味内容を持つという特徴づけをしている.　蓮沼は，次の(27)の文脈だけでなく,(28)，(29)の文脈でも「ば」が使われる以上，反期待性という性質を「ば」が選択されない条件の一つにすることが不適切であると主張している.

（27）そんな暗い所で本を<u>読む</u>(aては/bたら/cと)目を悪くしますよ.

　　　d.*そんな暗い所で本を読めば目を悪くしますよ.

（28）あんなに本ばかり読んでいれば,目を悪くするのは当然だ

（29）智に働けば角が立つ. 情に棹せば流される. 意地を通せば窮屈だ.

　　　とかくに人の世は住みにくい.　　　　　　　　　　夏目漱石『草枕』

　(27d)が非文であることについては,「＜警告＞という話し手の表現意図や場面状況といったものによってその使用の適切性が分かれるのであって，後件の[反期待性]のみが「バ」の選択の可否を決定するのではない」と述べている.　蓮沼は,「ては」が「ば」に置き換え可能な場合と，置き換え不可能な場合があるという点をとりあげ,それが,どのような原因によるのかを分析し,次のように纏めている.

（30）「ては」が選択される文脈

　　　発話の意味の伝達・解釈に誘導推論の介在を必要とし，「—ベキデアル」「—ベキデナイ」といった話し手の当為的判断を隠れた結論として含意するような文脈において用いられる．

（31）「ば」が選択される文脈

　　　P述語が肯定形の場合，（30）のような文脈では持ちられにくく，専らPとQの間の因果的ないしは論理的「当然の関係」を主張するような文脈で用いられる．P述語が否定形の場合は，「テハ」と互換的に用いられる場合が多いが，発話の伝達意図が専ら「当然関係」の主張といったものにある場合は，「バ」が選択され，「テハ」は用いられない．

　（27）は「そんな暗い所で本を読むべきではない」という当為的判断を隠れた結論として伝えることに発話の眼目があるので（27d）が非文になる．

　このように，Inoue（1979）で問題提起された，「ば」が期待・反期待にどのように関わるのか，という点は，蓮沼（1987）において，「ば」が「当然の関係」を主張するような文脈で用いれることの派生として扱われるべきであることが確認された（詳しくは有田1993b 参照）．

1.2　ト形式

　ト形式は，同じ主体の動作・変化を表す時間的継起と持続的・定常的事態を表す条件的継起を表す表現である．つまり同時性を表す接続表現である．

　ト形式の文の基本は「前件と後件で表される二つの事態の一体性を表す点にあると見ることができる．前件で表される事態と後件で表される事態とが継起的に実現するものとしてわかちがたく結びついていることを表す，広義の順接並列の表現の一つである（益岡1997．p60）」とされている．すなわち，ト形式は「その表現の一部が派生的に条件表現を作り上げるに過ぎない」ことから他の条件表現と同列に扱うことができないとしている．

　具体的なト形式の用法は次のようなものである．

ト形式の用法（国研1951）

a. 二つの動作・作用の時間的共存・先後の関係（同時に，または時間的に近接して行われる二つの動作，作用が行われる場合．）

イ）同時（ある動作・作用が行われる．それと同時に，またはくびすを接して別の行動・作用が行われる場合．）

ロ）継起（一つの動作・作用が次の動作・作用の前段階として先行する場合．この場合，両動作は同一の主体によって営まれている）

b. 因果関係をもつ二つの動作・作用を結びつける（前件について順接条件となる．）

イ）きっかけ（一つの動作・作用が次の動作・作用のきっかけとなっている場合．）

ロ）習慣・反復的事象・既定の事実などにおける条件を表す

ハ）順当な結果を伴う条件を仮定する（仮定の順当条件）

c. 次の発言の準備としての前置き

d. 起こり得べき場合を仮定し，その条件に拘束されずに後件が起ることを示す．〈逆接条件〉

例で示すと次のようになる．

（32）本を読んでいると，電話が鳴った．〈同時的〉

（33）部屋に入ると，帽子を取った．〈継起的〉

（34）餌をやると，犬は喜んでたべた．〈きっかけ〉

（35）このボタンを押すと，ドアが開く．〈既定の事実〉

（36）台風がくると，この家は倒れてしまうだろう．〈順当的仮定〉

　以上の例からもわかるように，ト形式は，「単なる時間的関係から帰結に先行しているにすぎないといった『条件の軽さ』が特徴的である（山口1969a）．

　用法的に，現在の時点においてなされているという特徴．この特徴から，「だろうと…」「たと…」のような未来形・過去形が表れない．「…と…たい」「…と…てください」のような未確定な事実が現れにくい．「…と…た」は，〈現在の継続〉を表す（森田1967）．

1.3　タラ形式

　タラ形式は,「個別的・その都度的な状況を示す(国研1964)」表現であり,タラ形式はナラ形式と共に個別的で仮定性が強い表現である. ナラ形式は判断に即した仮定を表すが, タラ形式は, 事象そのものに即した仮定を表す(山口1969a). 個別的で仮定性が強いタラ形式は既定的と仮定的にわけることができる.

　(37) 既定的：既定条件の後続句が偶然的要素を持つ場合.

　(38) 仮定的：仮定条件の後続句に話し手の立場や意見を叙述する場合.

　具体的な例を挙げると次のようなものがある.

　(37)a ドアを開けたら, 父が倒れていた.

　　　b 父は横になったら, すぐ眠ってしまった.

　(38)a 仕事がなかったら, 帰っていいよ.

　　　b この壁がなかったら, 部屋がもっと広く見えるのに.

　バ形式は, 前件が先行条件を表し, 後件がその当然の結果, 習慣的結果, 或いは不可避的な結果を表す. 条件的或いは仮定的な意味を表す. 前件と後件の関連性という点では,「と」と「ば」が近く, 条件的或いは仮定的な意味を持つという点では「たら」と「ば」が近い(Alfonso1966).

1.4　ナラ形式

　ナラ形式は従来「ナラⅠ」と「ナラⅡ」があるとされている.

　久野(1973)

　ナラⅠ：他者(典型的には聞き手)の意向・主張と,それを根拠とする話し手の発話意図(決意・判断・要求)の関係づけを行うのをその原型的用法にもつ.

　ナラⅡ：ある事態の真偽や実現可能性などに関して取敢えず可能な事態として話し手がP(前件の命題)を設定し,それを土台にしてQ(後件の命題)を導く.

　そのナラⅠの用法について, 起きることが確実な出来事は,聞き手の断定を必要としないし,話し手が聞き手の断定を疑う余地がないからナラが用いられないとしている(39).

　(39) *春が来るなら, 花が咲きます.

（40）（うだつに上がらない刑事の夫に向かって妻が言う）
　　　「（略）権力側にいるんなら，その中でえらくなってそれを生かす事
　　　を考えなきゃどうしようもないじゃないの．」

（41）（家宅捜査を受けた竹中組の組長が捜査員に怒鳴って言う．）
　　　「こんなことするなら,裁判で争ってやる.」

　（40），（41）のように，客観的に真偽の確定している事態に「なら」が使わ
れていることから，「なら」によって問題にされているのは，「事態の客観的
真偽なのではなくて」，前件の命題を「主張したり，意図する，その行為の
主である聞き手の気持ち」であるとする．

　そして，それがなぜ仮定される対象となりうるかについては，「他人の心
の世界は話し手が確実に知ることのできないものであるから，例え事態そ
のものは確定しているものであっても，それを主張・意図する聞き手の内面
世界は話し手には不確実なものである」と説明する（ナラⅡ）．

（42）（対フィリピンの円借款の決議を急ぐ政府にアメリカの圧力がある
　　　とする疑惑がもたれている）中曽根政権の対フィリピン援助をめぐ
　　　る「疑惑」がこの点だけにあるのなら，歴代自民党政権の「対米追随」
　　　のリストに新たな一項目を付け加えるものでしかない．

（43）（帰りの遅い夫を待たずに,妻牧枝は寝ていることが多い）情事を終
　　　えて帰ってくるのを牧枝が知っているなら，それは一つの抵抗とも
　　　受け取れる．

　南（1974），田窪（1987）で示された文の階層構造と意味の対応から条件節を
扱ったものに綱浜（1990）がある．そこでは，ナラとカラがパラレルに捉え
られている．綱浜は，南のB段階に属するナラ（ナラb）とC段階に属する
ナラ（ナラc）に分けることを提案している．（ここでいうナラb/ナラcは久野
氏のナラⅡ/ナラⅠにそれぞれ対応する）

（44）もし太郎が出るのなら,彼がピッチャーだろう．　　　　　　（ナラb）

（45）Ｘ「太郎が試合に出るんだって」
　　　Ｙ「太郎が試合に出るのなら,彼がピッチャーだろうね」　　（ナラc）

（46）ナラb…事態成立の条件　　　　　　　　　　　　　　　　（ナラⅡ）
　　　ナラc…話し手の結論を導くための根拠　　　　　　　　　（ナラⅠ）

　以上のようなナラの二つの形式は，それぞれ事実に基づく推論（ナラⅠ/ナラc）と仮定的推論（ナラⅡ/ナラb）という区別がある．つまり仮定的な表現と条件的な表現に分けることができる．

1.5　話し手の表現時点（森田1967）

　日本語教育の立場から，個々の形式の特徴を分析したものに，（森田1967）がある．「話し手がどの時点で条件や結果の表現を行うか」という視点から分析されている．

　ト形式：現在の時点においてなされているという特徴．このような特徴から，「だろうと…」「たと…」のような未来形・過去形が表れない．「…と…たい」「…と…てください」のような未確定な事実が現れにくい．「…と…た」は「現在の継続」として捉えられている．

　タラ形式「事柄が起ってしまった場合を想定して，若しくは既に生起した状態において，主題の人間や事物に起った事柄や，その想定に対する話し手の立場・意見を叙述する．」条件が起ってしまった時と場に立って，「話し手はそこに生起する事態を眺めるという表現機構をとる」仮定条件の〈後続句に話し手の立場や意見を叙述する場合〉と，既定条件の〈後続句が偶然的要素を持つ場合〉とを統一的に説明しようとしている．

　バ形式：本来時間的概念を持たず，「と」に比べて具体性に乏しく，観念的想像による場合が多い．条件結果の因果関係を客観的に把握することを本姿とするから，結果の句に話し手の主観や恣意がくることができない．

　ナラ形式（仮定）「事柄が生起し実現する場合を想定または伝聞して，それが実現する以前の時点に立って，話し手自身の事前に取るべき立場・行為・意思・意見を示す．」

　（既定）「その条件が成立している現在，その状態において話し手のとるべき立場・意見・行為などを示す．」

（47）ト形式　　　　　　　　　　　（48）タラ形式

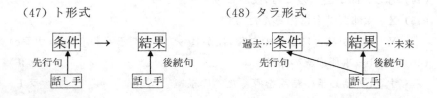

（49）バ形式　　　　　　　　　（50）ナラ形式

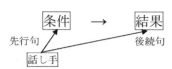

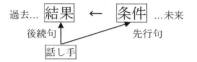

2　条件文の意味的分類

2.1　前田（1991b）の分類

（51）＜表：前田（1991b）の分類＞

				レアリティー		ナラ	バ	タラ	ト
				前件	後件				
条件的用法	仮定的	一回	事実的	事実	反事実	○	×	×	×
			反事実	反事実	反事実	○	◎	◎	○
			仮　説	未実現	未実現	◎	◎	◎	○
			事実的	事実	未実現	○	○	○	○
	非仮定的	多回	一般（恒久）	（不問）	（不問）	×	◎	◇	◎
			反復・習慣	事実	事実	×	◎	◇	◎
		一回	連続			×	△	△	◎
		様々な状況	きっかけ			×	○	○	◎
			同時			×	△	△	◎
			発見			×	○	○	◎
			時			×	△	○	◎
			場所			×	○	○	◎

		ナラ	バ	タラ	ト
非条件的	並列・列挙	○	◎	×	×
	評価的用法	×	◎	◎	○
	終助詞的用法	×	○	○	×
	後置詞的用法	△	○	○	○
	接続詞的用法	○	○	○	○

◎＝幾らでも用例が見られる．

○＝用例もあり，使えると判断できる．

◇＝不可能ではないだろうが，用例はほとんどない．

△＝近い用例はあるが，制限がある．

×＝使えない．

2.2　蓮沼・有田・前田（2001）分類

2.2.1　仮定条件

① 仮定条件を表すバ形式

（52）春になればもう少し暖かくなるだろう． 〈予想〉

（53）台所が便利であれば料理が楽しみになるでしょう． 〈予想〉

（54）資金がたりなければこれ以上事業を拡大するべきでない． 〈義務〉

（55）この薬を飲めば，気分がよくなります． 〈よい結果〉

② 仮定条件を表すタラ形式

（56）受付の人に聞いたら，親切に教えてくれるよ．

〈仮定的状況の設定〉

（57）この道をまっすぐ行ったら，右手に白い建物があります．

〈単なる状況の設定〉

（58）大人になったら，パイロットになりたい． 〈希望〉

（59）5時になったら，帰ってくるでしょう． 〈起こる事が確実な出来事〉

③ Pが事実の文：タラ形式・バ形式

（60）ここまでくれば，あとは一人で帰れます． 〈Pに基づく判断〉

（61）それだけ上手に話せたら，面接試験は心配ないだろう．

〈Pに基づく判断〉

（62）そんなにたくさん食べたら後でお腹が痛くなるよ． 〈よくない結果〉

④ 事実に反する条件文

（63）お金があれば買えるのに． 〈現在の反事実〉

（64）落ち着いていれば財布を忘れることはなかっただろう．

〈過去の反事実〉

2.2.2 一般的・事実的条件：バ形式・ト形式・タラ形式

（65）体温が上がると汗が出る． 〈一般的・習慣的関係〉

（66）その角を曲がると，右手に郵便局があります．

〈現実に即した状況〉

（67）ドアを開けると，父が倒れていた． 〈発見の状況〉

（68）兄が殴ると，弟が泣き出した． 〈きっかけ〉

（69）部屋に入ると上着を脱いだ． 〈動作の連続〉

（70）庭には梅もあれば桜もあった． 〈並列条件〉

2.2.3　ナラ条件表現

（71）あなたが行くなら，私も行くわ． 〈聞き手の気持ち〉

（72）今月末に引越しするなら，そろそろ挨拶にくるはずだ．

〈未来の予測〉

（73）どうせ落第するなら，あんなに努力するんじゃなかった．

〈複雑な推論〉

3 真理条件における分類

3.1 真理条件と暗黙の前提（坂原1985）

「pを仮定すると，qは真となる」条件文の生成に，仮定世界の構築と，その中での推論が含まれるとする見方である．真理関数的条件文として真理条件が導きだせる．

自然言語の条件文の最も顕著な特徴は，明言された命題が明示されない前提に支えられているという点である．

暗黙の前提は，発話者の志向する一つの特殊世界（言及世界）を構成すると考えられている．その結果，自然言語の条件文は，「初話者の志向した世界についての断定でしかない」ということになる．つまり，「条件文の持つ暗黙の前提が破壊されない限り，即ち，一つの言及世界内で推論が行われる限りは，自然言語の条件文は，真理関数と同じ振る舞いをする」．

言い換えれば，「自然言語の条件文は真理関数的であるが，暗黙の前提の成立する世界でしか通用しない」のである．

（74）沸騰しているお湯に手を入れれば，やけどする．

（74）が「普通」真なのは誰でも知っているが，この「普通」という制限が既に，「普通」と名付けられる特殊世界への限定が必要であることを如実に示している．つまり，「高機能の断熱材でできた手袋をしている」とか，「気圧が異常に低く，沸騰していても40℃ぐらいである」といった「特別な事態」は除外されている．話者が明示せずに前提しているこのようなものが「暗黙の前提」なのである．（74）は，話者がこのような前提（E_1）が真である世界，即ち，$E_1=1$である世界についての断定と扱われ，次のように図式化される．

（75）条件文"pならばq"の言及世界

$$E_1=1 \quad p \supset q$$

暗黙の前提が重要な役割を果たしていることは，暗黙の前提の不成立を

指摘することによって，条件文を否定するのと同じ語用論的効果が出せるという次のような現象からも確かめられる．

(76)　A：18才以上なら誰でも入れます．

　　　B：文無しなんだ．

　　　A：それなら話は別です．

○疑似条件文

坂原(1985)における中心的なトピックで，かつ，以後論議を引き起こすのは，「疑似条件文」の分析である．疑似条件文とは，"pならばq"という表現でありながら，通常の条件文と違って，真理関数 p⊃q という論理構造を持たない言語形式のことである．

(77)　もし望みでしたら，食器棚の上にビスケットがありますよ．

(77)は，疑似条件文の一例だが，これが通常の条件文と違うのは，一つには対偶と同値ではないという点である．

(74')　やけどしなければ，沸騰しているお湯に手を入れていない．

　　　　　　　　　　　　　　　　　　　　　　　＜通常の条件文の対偶＞

(77')　*食器棚の上にビスケットがなければ，(貴方は)望んでいない．

　　　　　　　　　　　　　　　　　　　　　　　＜疑似条件文の対偶＞

もう一つは，誘導推論を喚起しないという点である．

(74″)　沸騰しているお湯に手を入れなければ，やけどしない．

　　　　　　　　　　　　　　　　　　　　　　　＜通常の条件文の対偶＞

(77″)　*貴方が望んでいなければ，食器棚の上にビスケットがない．

　　　　　　　　　　　　　　　　　　　　　　　＜疑似条件文の対偶＞

以上のような点から，坂原は，疑似条件文では，前件は仮定を表すが，後件は前件によって導きだされる結論ではなく，「明示されない結論を探し出すための指令」，言い換えれば「ある結論を指し示す理由節」で次のような論理構造が仮定されている．

(78)　if p, because q, r

　次の(79)は，村田なる人物が英語を話すのは聴者も知っていることが前提の上で，つまり暗黙の前提として発されている．
　(79) あなたが通訳を探しているなら，村田を雇ったらどうですか．

　しかし，話者が聴者がその事実を知らないと思っていれば，話者と聴者の知識のアンバランスを補足するために，次のように言うだろう．
　(80) 村田は最近とみに英語が上手になったから，あなたが通訳を探しているなら，彼を雇ったらどうですか．

　つまり，(79)では暗黙の前提となっていたことが，(80)では明示化されているのである．そして，理由節と前件さえあれば引き出すべき結論が自明と思える場合に，次の(81)ような疑似条件文が生成されると考える．
　つまり，疑似条件文は通常の条件文の派生物として分析されている．
　(81) もしあなたが通訳を探しているなら，村田は最近とみに英語が上手になりました．

○譲歩文・理由文
　坂原説は，条件文だけでなく，譲歩文，理由文の分析にも適用されている．「話者の信念は，話者と聴者の知識の関係，または発話コンテクストで何が真で，何が偽と考えられるかに応じ，さまざまな変容をうけ，ある時は条件文，ある時は理由文，また譲歩文，疑似文などの言語形式を取って実現される(坂原1985, p158))とし，それらの関係を次のように図示している．(暗黙の前提 E と q をまとめて E′ とし，q が真の時は E′ ＝1で，q が偽の時は E′ ＝0)
　(82) ＜表：条件文, 譲歩文, 疑似文の系統＞

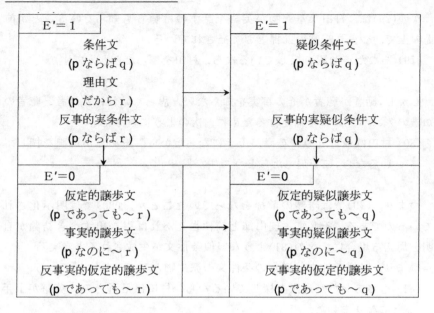

3.2　誘導推論と会話の含意

○誘導推論

「pならばq」は「￢pならば￢q」と推論するように誘いかける．この現象をガイスとズウィッキー（Geis & Zwicky，1971）は誘導推論と名付けた．これはまた「『pならばq』を『pであれば，かつpである時に限り，q』と解釈するように，即ち単なる条件文を双条件文に，または一方向の含意を両方向の含意に解釈するように仕向けることから『条件文の完成』，『含意の完成』と呼ばれることもある」（坂原1985，p101）．

但し，誘導推論はあくまで自然言語における推論であり，形式言語ではこうした推論を喚起しにくく，誤謬推論になる（後件断定の誤謬：pならばq，かつqゆえにp/前件否定の誤謬：pならばq，かつ￢pゆえに￢q）．

その一方，坂原は誘導推論を会話の含意への還元が可能だとしてい．

論理的には，条件文の誘導推論を会話の含意と考えて良いとされている（坂原1985，p110参照）．

（83）彼を仲間にすれば，プロジェクトは成功する．

彼を仲間にしなければ（かったら），プロジェクトは成功しない

〈誘導推論〉

（84）虎穴に入れば虎子を得る／虎穴に入らずんば虎子を得ず

○必須条件と前提条件

二つの事態間の論理関係を「後件成立の条件」として取り上げたものには，今仁（1993）がある．後件の成立を前提として，前件についての判断を行うことは，日常的によくあることである．その「後件成立の条件」を（285）のように二つに分けることができる．

（85）（条件文の）後件成立のための条件（今仁1993，p210）

　　　A：qが成立するためには，とにかくpであればよい．

　　　（cf.洋子が来てくれさえすれば，パーティは成功だ．）

　　　B：qが成立するためには，少なくともpである必要がある．

　　　（cf.虎穴に入らないと，虎子を得られない．）

（85A）は，前件が後件成立ための〈前提条件〉になる一方，（85B）は前件が後件成立ための〈必須条件〉になる．条件文は普通，前件が背景で後件が焦点になるといった情報構造をもっており，これが〈前提条件〉を表す条件文である．その一方，次のように後件成立の条件を尋ねる疑問文と誘導推論形式は〈必須条件〉を表す．

（86）どうすれば，日中関係を改善できるか？

（87）虎穴に入らずんば虎子を得ず

第3節 日本語の条件文研究の問題点

1 はじめに

　日本語の条件文の従来の問題点について，有田(1993b)では次のような二点を取り上げている．

　「……日本語の条件文研究と自然言語の条件文の一般的研究が，同じステージ上にあることが分かる．それにより，今後進むべき二つの方向が見えてくる．一つは，自然言語の条件文研究で提起されたさまざまな問題が日本語でどのように議論されるか，という方向である．それには，例えば，反事実的条件文，条件文と否定，条件文と主題，そして条件文の統語構造，というような問題が挙げられる．……もう一つは，日本語の条件文で提起されてきた問題が，条件文一般の研究の中でどう議論されていくか，という方向である．つまり，日本語の四つの条件形式の交替を日本語内部の問題として捉えるのではなく，もっと一般的な問題として捉えられないか，ということである(有田1993b, p275)」．(下線は筆者によるもの)

　このように，日本語の条件文の従来の研究の問題点が，自然言語との関わり，条件文一般の研究との関わりについての指摘があったが，本論では，条件文の分類の問題点，研究方法の問題点，記述研究の問題点といった三つの視点から採り上げることにする．

2 条件文の分類の問題点

　日本語の条件文の研究は大きく二つの観点から研究されていたと言える．

　一つは，事実をどう捉えるかという観点からの研究である．従来，条件文は仮定条件とも言われており，何らかの意味で「仮定的」であるとされている．このような「仮定的」を「事実的」と対立的に捉えようとすると問題が出てくる．それは，事実であることが明らかな事柄も時には仮定条件として表されることがあるからである．もう一つは，条件文の前件と後件がどのような関連性を持つか，という観点からの研究である．一般/個別，必然/偶然など，様々な対立概念によって分類が進められ，現代語の四つの形式の意味に対応させることが試みられる．(有田1993b, p225参照)

例えば，事実であることが明らかな(88)と予想を表す(89)の場合は仮定条件に見なされているからである．

(88) 春になれば花が咲く．

(89) 春になれば花がさくだろう．

しかし，従来の研究は松下(1928)，阪倉(1958)から前田(1991b)までの分類はそのほとんどが「仮定－確定(非仮定)」からの分類の枠を超えてない．

述語の文末形式として「タ形・ル形」といったテンスの分化がある日本語ならでの分類であり，まさに，国文法論的な分類だと言えるだろう．

(90) ＜表：松下(1928)と阪倉(1958)＞

	確 定 表 現			仮 定 表 現		
阪倉 (1958)	偶然確定	必然確定	恒常確定	偶然仮定	必然仮定	恒常仮定
松下 (1928)	偶然確定	必然確定	現然仮定	完了性未然仮定		非完了性 未然仮定

(91) ＜表：前田(1991b)＞

条 件 的 用 法												非条件的				
仮定的			非 仮 定 的													
一回			多回	一回												
					様々な状況											
事実的	反事実	仮説	事実的	一般(恒久)	反復・習慣	連続	きっかけ	同時	発見	時	場所	並列・列挙	評価的用法	終助詞的用法	後置詞的用法	接続詞的用法

前田(1991b)では，一応「条件的－非条件的」対立から分類したものの，条件形式「バ・タラ・ト・ナラ」はそのほとんどが条件的用法であるとしている．そのような条件的用法をさらに「仮定的―非仮定的」に分類している．

例えば，条件的用法とされる次のような例は，前件と後件が条件的関連性が薄いタクシス的性質を持つ文である．

（92）ドアを開けると，父が倒れていた． 〈発見の状況〉

（93）部屋に入ると上着を脱いだ． 〈動作の連続〉

　条件文の研究は，本来前件と後件の条件関係を議論すべき研究であり，仮定・確定は二次的な問題であるはずだが，実際日本語の条件文の分類はあくまで仮定・確定の立場から分類をしている．

　本論では，条件文を条件的・タクシス的立場から分類することを提案する．

　まず，条件文の条件という語の意味についてみることにする．

　「条件」という語に対する辞書での解釈は次のとおりである．

　①『大辞林』

　a．物事を決定したり約束したりするときに，前提あるいは制約となる事柄．

　b．物事の成立あるいは実現に必要な事柄．ある事態を引き起こす原因．

　c．〔法〕法律行為の効力の発生を制約する，実現が不確実な将来の事実．

　②『大辞泉』

　a　約束や決定をする際に，その内容に関しての前提や制約となる事柄．「―をのむ」「―をつける」「一日だけという―で借りる」「―のいい会社」

　b　ある物事が成立・実現するために必要な，または充分な事柄．「いつ倒産してもおかしくない―がそろっている」「一定の―を満たす物件」「―が整う」

　c　法律行為の効力の発生または消滅を，発生するかどうか不確定な将来の事実にかからせる付款．また，その事実．「入学したら学費を出す」などがこれにあたる．

　『大辞泉』での解釈（②a，b）を引用していうなら，「約束や決定の内容に関しての前提や制約となる事柄」もしくは，「ある物事が成立・実現するために必要な，または充分な事柄」を条件という．

　そうであれば，条件文とはこのように，二つの事柄（前件と後件の事柄）の何れかが前提（或いは制約）であり，その他方の物事が成立・実現するため

に必要な，または充分な事柄を表すといった関係で成り立つ（複）文を指す
に違いない．

　言い換えると，前件（或いは後件）が後件（或いは前件）成立の前提にな
り，前件（或いは後件）が後件（或いは前件）が成り立つに必要（または充分）
な事柄でなければならない．本論ではこのような前件と後件の関係を「条件
関係」と呼ぶことにする．

　しかし，日本語の条件文は実際，前件と後件の関係が条件的関連性が薄
い条件文があるが，従来の研究では条件文として扱われている．

　（94）ドアを開けると，父が倒れていた．　　　　　　　　　〈発見の状況〉

　（95）部屋に入ると上着を脱いだ．　　　　　　　　　　　　〈動作の連続〉

　このような問題点は次節で詳しく述べることにする．

3　条件文の研究方法の問題点

　論理言語と条件文の関係：条件文の本質は，本来真理言語における条件
関係がその原型であるはずだが，従来の研究では真理関数的アプローチを
否定してきた．

　「Akatsukaは，真理関数的アプローチを否定し，その代わりに，前件と後
件の関連性や，話し手の心的態度，コンテクストによって条件文の意味が
決まる」（有田1993.p265）としている．

　ヤコブセン（1990）も近い見解を示す．「二つの事態を結び付ける関連性
は，その原形において，一方の事態が先にあって，もう一方の事態が時間
の流れにそってそれに付随するという，時間的共起性に過ぎないというこ
とである．従って，事態が時間と並行して，どう展開していくかを論理的
に規定するのが不可能であると同様に，条件文における関連性を理論的に
規定することもできない」（ヤコブセン1990,p107）としている．

　論理言語的アプローチを否定してきた従来の研究では次のような問題を
説明できない．

　①（96）のように，前件に疑問詞が来る時と，後件に疑問詞が来る時の条
件関係の相違を説明できない．また（97）のように「pト，疑問詞」文「疑問詞
バ，q」文が言えるのに，「pバ，疑問詞」文「疑問詞ト，q」文が言えないこと
を説明できない．

(96) a.どうすればうまくいきますか?

　　　b.1に1を足せば，いくつになりますか.

(97) a.こうす(*れば/ると)どうなりますか.

　　　b.どうす(れば/*ると)うまくいきますか.

②(98)のaとbの文は時にはまったく同じ意味を表すのに，その原因を文法的には説明できない.取立詞サエとダケは元々対偶的な意味を表すのに，aとbはまったく同じ意味を表す場合があるといった問題が説明できない.

(98) a.ちゃんと薬だけ飲んでいれば，すぐ治りますよ.

　　　b.ちゃんと薬さえ飲んでいれば，すぐ治りますよ.

4　条件文の記述研究の問題点

4.1　期待性・反期待性の問題

前でも触れたように，バ形式は後件が社会通念に反する［反期待性］の意味内容を表すことができないとされている.例えば次のような現象である.

(99) *よそ見をしていれば，けがをしますよ.

(100) そんなものを食べ(ると/たら/*れば)病気になりますよ.

この点，蓮沼(1987)は異議を唱えている.「ては」と「ば」の選択要因を明らかにすることにあり，テハ文に対し，後件が［反期待性］の意味内容を持つという特徴づけをしている.蓮沼は，次の(101)の文脈だけでなく，(102)の文脈でも「ば」が使われる以上，反期待性という性質を「ば」が選択されない条件の一つにすることが不適切であると主張している.

(101) そんな暗い所で本を読む(aては/bたら/cと)目を悪くしますよ.

　　　d.*そんな暗い所で本を読めば目を悪くしますよ.

(102) あんなに本ばかり読んでいれば，目を悪くするのは当然だしかし，どうしてこんな問題が生じるかといった根本的な問題についての研究はまだ十分なされてない.これも真理関数的アプローチを否定してきた従来の条件文の研究の問題点に関連がある.

4.2　条件を表す取立詞の研究

　取立詞サエ，コソ，ダケなどの形式は実際条件を表す場合が多い．しかし従来の研究では，取立詞を副助詞的な研究の枠を超えてない．条件文で現れる取立詞についての研究はまた少なく，十分でない．

　（103）学校に行きサエすれば，図書館に寄ります．

　（104）敵を知り，己を知ってコソ勝利はあるもの

　（105）彼を仲間にした場合ダケ，プロジェクトは成功する．

　このように，取立詞は単独でも条件を表せるし，条件形式との共起でも条件を表すが，この分野での研究はまだ不十分だと思う．

　（103）は前提条件を表す文であり，（104）は必須条件を表す文，（105）は唯一必須条件を表す文である．これらの文の条件的関係についての研究はほとんどされてない．

第4節　日本語の条件文（本論での）分類

　前件と後件の条件関係からみた条件文の意味的分類：本論では，条件的・タクシス的立場から分類することを提案する．

1　条件的とタクシス的の相違

　条件という概念は次のいずれかに該当するものでなければならない．
①約束や決定をする際に，その内容に関しての前提や制約となる事柄．
②ある物事が成立・実現するために必要な，または充分な事柄．

　前件が後件成立のための「前提や制約となる事柄」もしくは「必要な，または充分な事柄」でなければならない．つまり，前件と後件が何らかの因果関係を持っている文である．
　次のような用法は前件が後件成立のための前提や充分な事柄とはいいにくい．つまり，条件関係というより前件と後件が事態連続的な時間的順序を表す．このような文を本論では〈タクシス的複文〉と呼ぶことにする．
　（106）部屋に入ると帽子を取った．　　　　　　　　　〈動作の連続〉
　（107）本を読んでいると，突然電話が鳴った．　　　　　　　〈発現〉

　また，次の例のように，前件が後件のきっかけになるものもある．「窓を開ける」のをきっかけに「一面の銀世界」を発見した意味を表し得るものの，このような表現は主に話し手が自分の体験を直接伝える主旨で使われる現象描写文的に表すものであり，条件的関係というより事態連続的といったタクシス性を持つ文である．
　（108）窓を開けると，一面の銀世界だった．　　　　　　　　〈発見〉
　（109）父は横になったらすぐ眠ってしまった．　　　　　　〈きっかけ〉

　（タクシス的複文（順接）は基本的に「p 事実＋q 事実」である．前件と後件ともに事実であること．）

2　一般的条件と非一般的条件の区別

pとqが自然の法則・社会の法則など，一般的に成り立つ因果関係によって結ばれる事態・出来事を表す表現もしくは，過去の反復的事態や過去の習慣を表す「非個別」的な表現および多回的な出来事を現す表現を本論では一般的条件と呼ぶことにする．

(110) 台所を見れば，女はわかる．

(111) 誠意をもって接すれば気持ちが通じるものだ．

(112) あのころは学校にいけば，図書館に寄ったものだ．

一般的条件を表す条件文は，後件を成立させるのに必要最低限の条件を表す「サエ(取立詞)」と共起することができる．

(110') 台所サエ見れば，女はわかる．

(111') 誠意をもって接しサエすれば気持ちが通じるものだ．

(112') あのころは学校にいきサエすれば，図書館に寄ったものだ．

さらに，予想を表す表現であっても，一般的に成り立つ条件関係を元に推論する文であり，必要最低限の条件を表す「サエ(取立詞)」と共起する以上，一般的条件と見なすべきである．

(113) 春になればもう少し暖かくなるだろう．

　　　cf. 春にサエなればもう少し暖かくなるだろう．

(114) 台所が便利であれば料理が楽しみになるでしょう

　　　cf. 台所が便利でありサエすれば料理が楽しみになるでしょう

一般的条件関係を表せない非一般的条件は普通取立詞サエと共起できない．

(115) ＊受付の人に聞きサエしたら，親切に教えてくれるよ

　　　cf. 受付の人に聞きサエすれば，親切に教えてくれるよ

(116) ＊この道をまっすぐ行きサエしたら，白い建物が見える．

　　　cf. この道をまっすぐ行きサエすれば，白い建物が見える．

3　仮定的・非仮定的条件文の区別

非一般的条件はさらに，仮定的・非仮定的と分ける．既に成り立っている

事実を前提にする条件文「非仮定的条件文」とする．非仮定的条件文は前件
が事実文であるため，仮定を表す副詞モシと共起できない．

(117) ＊モシここまでくれば，あとは一人で帰れます．

　　　　cf. ここまでくれば，あとは一人で帰れます．

(118) A：今日は彼が試合に出るって聞いたよ．

　　　　B：彼が試合に出るのなら，彼がピッチャーだろう．

　　　　　　cf. ＊モシ彼が試合に出るのなら，彼がピッチャーだろう．

(119) ＊モシこの角を曲がると右手に郵便局があります．

　　　　cf. この角を曲がると右手に郵便局があります．

　以上のように，本節では，条件文をまず，「条件的・非条件的」立場から，
次に，「一般的・非一般的」条件の立場から，更に「仮定的・非仮定的」立場か
ら，といった3段階にわたって分類したが，これらをまとめると次の表のよ
うになる．

(120) ＜表＞

			前件	後件	
条件的	一般的条件	一般的	(不問)	(不問)	ト・バ・タラ
		習慣的	事実	事実	ト・バ・タラ
	非一般的条件	非仮定条件	事実	未実現	ト・バ・タラ
			事実	反事実	ナラⅠ ト・バ・タラ
		仮定条件	未実現	未実現	ナラⅡ ト・バ・タラ
			反事実	反事実	ト・バ・タラ
タクシス的	事態連続性	動作の連続	事実	事実	ト・タラ
		発現	事実	事実	ト・タラ
		発見	事実	事実	ト・タラ
		きっかけ	事実	事実	ト・タラ

第3章
中国語の条件文の従来の研究

第1節　中国語複文の階層的分類

　中国語の複文は基本的に日本語の条件形式もしくは接続詞に当たる関連詞によって条件関係を表す．中国語での複文と単文の区別は，日本語と同じくその基準は従来多く議論されてきたが，一般的に，句点によって区切られている文は複文と見なしており，句点がなく一つの文と見なす場合は単文としている．

　関連詞①とは，複文の中の文と文をつなぐ役割をしながら，前件と後件の関係を表す．前件に現れるのは日本語の副詞に当たる語が多く，後件に現れるは普通日本語の接続詞に当たる語が多い．

1　有標形式（関連詞）を用いる複文（"有标志的复句"）

1.1　「副詞 p，接続詞 q」形式の複文

有標形式を用いる複文とは普通，「副詞 p，接続詞 q」形式の複文をいう．

　中国語の複文は基本的に，接続詞"就，那么，便，则"などと副詞"如果，要不是，只要"などが共起することで前件と後件の関係を表す．このような「副詞 p，接続詞 q」形式を本論では，複文（もしくは条件文）の有標形式と呼ぶことにする（有標の複文もしくは有標の条件文）．中国語では有標識の複文と

---

①　复句研究一般都主要以关联词语为突破点．关联词语，又叫关系词语，有广义和狭义的区分狭义的关联词语在语言学中一般用来称谓在复句内部各个分句之间起关联作用，并表示一定语义关系的词语．也就是说，关联词语在复句中主要有两个方面的作用：一是用以连接不同分句，故称关联词语；一是用以表明分句间的语义关系，故又称关系词语，并且有些关联词语还往往被视为用以表示特定语义关系的标志．例如：(1)因为他不去，所以我不想去．(2)虽然他不去，但我去．(3)如果他不去，那么我去．例如加着重号的都是在复句内部起关联分句的作用的词语，并可视为分别用以表示特定语义关系的语形标志．例(1)"因为，所以"表明分句间具有因果关系，例(2)"虽然，但"表明分句间具有转折关系，例(3)"如果，那么"表明分句间具有假设关系．(徐陽春2002，p6)

いう（"有标志的复句"）．さらに中国語では「副詞 p，接続詞 q」形式における
副詞と接続詞を合わせて関連詞（"关联词"）と呼んでいる．

　有標識の複文は，例えば，次のような形式である．

①　仮設条件"如果 p，就 q"

仮設条件を表す"如果 p，就 q"は日本語の「モシ…タラ」に近い意味を表す
形式である．

（01）如果没有丰富的知识，就不可能有丰富的联想．　（初中《语文》第一册）

　　　（モシ豊富な知識を持っていなければ，いいアイディアが浮かべない）

②　反事実条件"要不是 p，就 q"

事実に反する反事実的条件を表す場合，"要不是 p，就 q"という形式を用
いるが，日本語の反事実形式「なかったら…だろう」に近い表現である．

（02）你要不是我的老同学，我就不会这么热心了．

　　　（モシあなたが同級生でなかったら，私はこんなに助けてあげなかっ
　　　　ただろう）

③　ナラⅠに近い意味を表す"如果 p，那么 q"

（03）如果说他是一条龙，那么你只是一条虫．

　　　（モシ彼を竜に譬えるなら，あなたは虫に過ぎない）

④　一般条件を表す"只要 p，就 q"と"只有 p，才 q"

　一般条件を表す「只要 p，就 q」は，日本語の最低前提条件を表す「サエ…な
らば」に近い意味を表す形式で，"只有 p，才 q"は日本語の唯一必須条件を表
す「時だけ」に近い意味を表す形式である．

（04）只要找到他，就能把问题弄清楚．

　　　（彼にさえ会えば，この問題ははっきり把握できる）

（05）只有勤奋耐苦，才能在社会里站稳脚跟．

　　　（勤勉である場合ダケ，安定した仕事に就ける）

1.2　「p，接続詞 q」形式の複文

条件節の副詞がなくて，接続詞だけでも条件を表す場合がある．このよう
な「p，接続詞 q」形式も複文としての標識があるため，有標形式を用いる
複文（もしくは条件文）と呼ぶことができる．

（06）到了春天就开花，到了冬天就下雪

　　　（春になったら花が咲く，冬になったら雪が降る）

（07）勤奋耐苦，才能在社会里站稳脚跟．

（勤勉であってコソ，安定した仕事に就ける）

(08) 海上风不大吗？那么船马上就起锚. 　　　　　　　『日中・中日辞書』

（海上は風が強くないのか，それでは船はすぐ出帆だ）

条件節の副詞がなくて，接続詞だけ条件を表す「p,接続詞 q」と副詞との共起形式「副詞 p,接続詞 q」，この二つの形式は次のような相違が見られる．例えば，

(09) 海上风不大,那么船马上就起锚.

　　　（海上は風が強くないなら，船はすぐ出帆だ．）

の場合，条件節"海上风不大"が既然の事態か未然の事態かはっきりしない．(09)の前に異なる副詞を付けることによって（異なる副詞と共起することによって）その文の意味の使い分けができる(09a,b).

(09)a. 既然海上风不大,那么船马上就起锚

　　　（（海の風が強くなったということを聞いて）海上は風が強くないナラ，船はすぐ出帆だ．）

(09)b. 如果海上风不大,那么船马上就起锚

　　　（モシ海上は風が強くないナラ，船はすぐ出帆だ．）

このような問題は詳しくは2章3節で触れることにする．

2　有標形式（関連詞）を用いない複文（"无标志的复句"）

中国語では関連詞なしで，二つの文を並べるだけでも条件関係を表す場合が多い．このような形式を本論では，無標の複文と呼ぶことにする．このような無標の複文と有標の複文との相違について研究は井上（2003）がある．詳しくは後述（3章）する．

(10)は因果関係を表す文であり，「昨日いい天気でない」から「長城に以下なった」の意味を表す文である．

○　因果関係をあらわす文

(10) 昨天天气不好,没去长城. 　　　　　　　　　　　　（井上2003）

　　　（昨日いい天気でなかった，万里の長城に行かなかった）

(10')因为昨天天气不好,所以没去长城.

　　　（昨日いい天気でなかったから，万里の長城に行かなかった）

○　日本語のナラⅠに近い意味を表す文

(11) 你要用,自己去借（あなた使いたい？自分で借りに行ってください）

(11') 你要用, <u>就</u>自己去借（使いたいなら自分で借りに行ってください）

（井上2003）

○　仮設的条件を表す文

(12) 你说的慢点儿,我能听懂,说的快了,我听不懂　　　　　（井上2003）

　　　ゆっくり話す，私聞き取れる，速く話す，私聞き取れない

(12') <u>如果</u>你说的慢点儿,我<u>就</u>能听懂,<u>如果</u>说的快了,我<u>就</u>听不懂

　　　（もしゆっくり話してくれれば聞き取れるが，もし速く話されれば

　　　聞き取れない）

　このような無標の複文は場合によっていろんな解釈が可能である．

　例えば次の(13)の「海上は風が強くない」というのが，既然の事態か未然
の事態か不明である．そのため，既然の事態を元に推論するナラⅠに近い
(13' a)と仮設的な事態を元に推論するナラⅡに近い(13'b)に，二通りの
解釈が可能になる．

(13) 海上风不大,那么船马上就起锚

　　　（海上は風が強くないなら，船はすぐ出帆だ）

ナラⅠ：

(13')a. 既然海上风不大,那么船马上就起锚

　　　 ((海の風が強くなったということを聞いて)海上は風が強くないナ
　　　 ラ，船はすぐ出帆だ)

ナラⅡ：

(13')b. 如果海上风不大,那么船马上就起锚

　　　 （モシ海上は風が強くないナラ，船はすぐ出帆だ）

3　単文的構造を持つ複文("緊縮复句")

　単文的な構造を持っている複文を中国語では"緊縮复句"と呼ぶ．本論で
は緊縮複文と呼ぶことにする．

　緊縮複文とは，普通の複文形式の変形であると言える．即ち，緊縮複文
も普通の複文と同じく，複文の情報構造を持っている．中国語での複文と

単文の区別は形式上，句点があるかどうかを基準にしているが，緊縮複文は句点がなく，形式上単文の形をしている複文である．それは複文と同じ情報構造をもっているからである．

　つまり，緊縮複文とは，複文の情報構造を保ちながら，単文の形式に変形した文形式といえる（詳しくは，趙恩芳・唐雪凝1998参照①）．

　このような緊縮複文は，有標の緊縮複文（"有标志的紧缩复句"）と無標の緊縮複文（"无标志的紧缩复句"）に分けることができる．

3.1　有標形式を用いる緊縮複文（"有标志的紧缩复句"）

　有標的緊縮複文は，更に，関連詞一つだけを用いる形式と二つの語が前後に共起して用いる形式がある．

　3.1.1　関連詞一つだけを用いる形式

　関連詞一つだけを用いる形式も多数あるのだが，条件的関係を表す形式いくつかをあげると次のようなものがある．

　○仮設的意味を表す場合

　(14)你有意见就提．(意見があるなら提言して下さい)

　(14')如果你有意见就提．(モシ意見があるなら提言して下さい)

　○条件関係を表す場合

　(15)无私才无畏．(無私であってこそ何ものをも恐れない)

　(15')只有无私才能无畏．(無私である時ダケ何ものをも恐れない)

　このような前節の副詞が省略された文は(前でも触れたように)場合によっていろんな解釈が可能になる場合がある．次のような例がそうである．

　(16)你能去·是去吧(行けるナラ行ってください)

　これは，ナラⅠもしくはナラⅡに近い意味に解釈することができる．

---

① 　原文：复句可以在句子格局上变化，这就是紧缩复句．紧缩复句是由一般复句变化而来的，因此，紧缩复句和一般复句在语义上都表达复句的内容，在结构上各个组成部分之间都不是句子成分的关系，而是分句之间的关系．只不过在紧缩复句中，一般复句各分句间的语音停顿取消了，分句间联系更加紧密了；一般复句中的有些成分也被省略掉了，往往形成一些固定的格式．（赵恩芳・唐雪凝1998，p55）

〇ナラⅠに近い表現

(16')a. 既然你能去还是去吧.

　　((行けるということを確認してから)行けるナラ行ってください.)

〇ナラⅡに近い表現

(16')b. 如果你能去还是去吧.(モシ行けるナラ行ってください.)

3.1.2　二つの語が前後に共起する形式

　二つの語が前後に共起する形式も，“非 p,不 q”“不 p,也 q”“再 p,也 q”“越 p,越 q”など多数存在するが，本論と関係あるものいくつかをあげる.

〇“不 p,不 q”形式(誘導推論形式)

(17) 质量不好不买.(品質がよくないと買わない)

(18) 铁不炼不成钢.(鉄は精錬しなければ鋼にならない)

〇“一 p,就 q”形式(動作の連続形式)

(19) 这种绳子一拉就断(こんな紐は引っ張るとすぐ切れる)

(20)他一进屋就把帽子摘下来了(彼は部屋に入るとすぐ帽子を取った)

3.2　有標形式を用いない無標の緊縮複文(“无标志的紧缩复句”)

　無標の緊縮複文も中国語ではごく普通に見られる形式であり，書き言葉および会話文でよく使われている形式である. 無標の形式であるため，一つの文がいろんな解釈が可能な場合が多い. まず，次の二種類の形式をあげて見る.

〇逆接の「けれども」に近い表現

(21)我问他不说.(私が聞くと彼は言わない.)

(21')我问了他,但是他不说.(私が聞いたけど，彼は言わなかった.)

(21")我问了他,他还是不说.(私が聞いたけど,彼はやはり言わなかった)

(22) 我受了伤为什么不给治?

　　(私怪我をしているのにどうして治してくれないの?)

(22') 我受了伤,但是为什么不给治?

　　(私怪我をしているにも関わらず，どうして治してくれないの?)

〇ナラに近い表現

(23) 你不说我说.(あなた言わないなら私言う.)

(23')既然你不说,那么我说.(あなたが言わないなら私が言う.)

(23")如果你不说,那么我说.(モシあなたが言わないなら私が言う.)

（24）你吃不完我吃.（あなた食べ切れない，私食べる.）

（24'）既然你吃不完,那么我吃.（あなたが食べ切れないなら私が食べる.）

（24''）如果你吃不完,那么我吃.

　　（モシあなたが食べ切れないなら私が食べる.）

4　本節(複文形式)のまとめ

以上のように，中国語の複文の形態は主に，有標の複文，無標の複文と緊縮複文，三種類に分けることができる．これらを表にすると次の(25)＜表＞のようになる．

（25）＜表＞

中　国　語　複　文　の　形　態　的　分　類		
有標の複文 (有标志的复句)	副詞 p, 接続詞 q	"如果 p, 就 q"　"只要 p, 就 q"
	p, 接続詞 q	"p, 就 q"　"p, 才 q"
無標の複文 (无标志的复句)	p, q	"p, q"
緊縮複文 (緊縮复句)	有標の緊縮複文 (有标志的緊缩复句)	"p, 就 q"　"p, 才 q"
		"一 p, 就 q" "非 p, 非 q" "非 p, 也 q"
	無標の緊縮複文 (无标志的复句)	"p, q"

第2節　中国語条件文の意味・用法的分類

1　中国語複文の意味・用法分類

中国語の複文の分類方法もさまざまであるが，主に，三種類の分類法方がある．“二大分类方法”と“三大分类方法”及び“直接分类方法”などがある．

1.1　“二大分类方法”

“二大分类方法”には，大きく次の3つの視点からの分類がある．

①“联合（等立，并列）复句”と“偏正（主从）复句”

②“因果关系复句”と“非因果关系复句”

③“单纯的复句”と“非单纯的复句”

1.1.1“联合（等立，并列）复句”と“偏正（主从）复句”

“联合复句・等立复句・并列复句”などは基本的に単文二つ以上が並列的に並んでいる文を指しているのに対して，“偏正复句・主从复句”は，二つの単文が主節と従属節の関係をもつ文を指している．

①　黎锦熙・刘世儒(1962)では，“对等（并列）的关系”を表す“等立复句”と“主从关系”を表す“主从复句”にわけている．

(26) ＜表：“等立复句”と“主从复句”＞

等 立 复 句					主 从 复 句					
并列复句	进层复句	选择复句	转折复句	承接复句	时间从句	因果从句	假设从句	条件从句	让步从句	比较从句

②　丁声树等(1963)では並列関係を表す“并列句”と従属関係を表す“偏正句”に分けている．

(27) ＜表：“并列句”と“偏正句”＞

并 列 句				偏 正 句		
连贯句	联合句	交替句	对比句	因果句	让步句	条件句

③　王力(1985)

（28）＜表："等立复句"と"主从复句"＞

等　立　句					主　　从　　句						
积累式	离接式	转折式	按断式	申说式	时间	修饰式	条件式	容许式	理由式	原因式	目的式	结果式

④高名凯（1986）

（29）＜表："并列复句"と"主从复句"＞

并列复句			主　从　复　句					
积累式	对抗式	选择式	强调关系	因果关系	条件关系	更加肯定关系	对比的关系	相应的关系

⑤"联合复句"と"偏正复句"

その他にも，黄伯荣・廖序东（1991），张静1980，胡裕树1984などでは，"联合复句"と"偏正复句"に，2分類している．

1.1.2"因果关系复句"と"非因果关系复句"

张志公（1982）は，前件と後件の関係が，因果関係を表す"因果关系复句"と因果関係を表さない"非因果关系复句"に分けている．

因果関係を表せない"并列复句"と因果関係に反する"转折（逆接）复句"とともに，"非因果关系复句"としている．

（30）＜表："因果关系复句"と"非因果关系复句"＞

因　果　关　系　复　句			非　因　果　关　系　复　句				
现实因果关系	假设因果关系	条件因果关系	并列关系	承接关系	递进关系	选择关系	转折关系

1.1.3"单纯的复句"と"非单纯的复句"

"联合（并列）复句"と"偏正（主从）复句"に分類するのが主流になっている

中国語の複文の分類方法とはちがって，"条件的関係"から分類しようとしたのは王維賢 等(1994)が初めてであるといえる．

　王維賢 等(1994)は他の研究とはちがって，単純な複文と単純でない複文にわけている．更に，"単纯的复句"を更に"条件的复句"と"非条件的复句"に分けている(31＜表＞)．　さらに，"条件的复句"を一般条件を表す"一般条件的复句"と複雑な条件を表す"非一般条件的复句"に分けて(32＜表＞)．

（31）＜表＞　王維賢 等(1994)の複句の分類

复　　句		
单　　纯　　的		非单纯的(复并的)
条　件　的	非　条　件　的	"否则"句

（32）＜表＞　王維賢 等(1994)の"条件的复句"の分類①

条　　件　　的							
一般条件		非一般条件(复杂的条件)					
必要条件	非必要条件(充分条件)		假设		非假设		
必要条件(唯一条件)	充分条件	无条件	一般假设(假设)	转折	因果		非因果
必要条件(唯一条件)	充分条件	无条件	一般假设(假设)	转折	一般因果	非一般因果(复杂因果)	目的
必要条件(唯一条件)	充分条件	无条件	一般假设(假设)	转折	一般因果	推断　转折	目的

（33）＜表：王維賢 等(1994)の"非条件的复句"の分類＞

非　　　　条　　　　件							
选　　择			非　　选　　择				
相容的	非相容的		简单并列(并列)	非简单并列			
相容的	一般的(非相容的)	非一般的(优先)	简单并列(并列)	连贯	非连贯		
相容的	一般的(非相容的)	非一般的(优先)	简单并列(并列)	连贯	递进	非递进	
相容的	一般的(非相容的)	非一般的(优先)	简单并列(并列)	连贯	递进	总分	非总分

---

① 中国語文法用語としての"必要条件""充分条件"は，論理言語でいう"必要条件.十分条件"と少し異なるのである．中国語文法用語としての"必要条件""充分条件"は本稿でいう"必须条件・前提条件"に等しいと考えられる．詳しくは6章で述べる．

1.2　"三大分类方法"

①　黎錦熙1924では，"包孕复句"，"等立复句"と"主从复句"に三分類している．

（34）＜表：包孕复句，等立复句と主从复句＞

包 孕 复 句			等 立 复 句				主 从 复 句					
名词句	形容句	副词句	并列句	选择句	承接句	转折句	时间句	原因句	假设句	范围句	让步句	比较句

②　邢福义（2001）では，"因果类复句"，"并列类复句"と"转折类复句"に三分類している．

（35）＜表："因果类复句"，"并列类复句"と"转折类复句"＞

因 果 类 复 句					并 列 类 复 句				转 折 类 复 句		
因果句	推断句	假设句	条件句	目的句	并列句	连贯句	递进句	选择句	转折句	让步句	假设句

1.3　その他の分類"直接分类"

①　吕叔湘（1982）

（36）＜表＞

离合·向背	异同·高下	同时·先后	释因·纪效	假设·推论	擒纵·衬托
联合	类同	时间背景	时间と原因	假设と条件	容忍
加合	比拟	相承	原因	时间关系と	纵予
递进	近似	先后间隔	后果	条件关系と	极端と衬托
平行と对待	高下	有待而然	目的	充足条件と	逼近
正反	不及	两事并进		必需条件	无条件
转折	胜过	动作と情景			连锁
转折と保留	尤最				
交替	得失				
两非	倚变（比例）				
排除					

②　吕叔湘·朱德熙（1978）

（37）＜表＞

并行	进一步	交替	比例	比较得失	因果	条件	无条件	先让步，后折入正意

③　余致纯(1987)

(38) ＜表＞

并列（平列・对比）	连贯	递进	选择（或此或彼句・非此即彼句・唯此即彼句）	解说（解证句・总分句）	因果（一般因果・推论因果）	转折	假设（结果与假设一致・结果与假设不一致）	条件（必要・充足・无条件・连锁条件）	目的（正说句反说句）

1.4　中国語複文の分類のまとめ

　以上のような複文の分類は，二大分類方法と三大分類方法を見ると，基本的に，次のような三つの視点からの分類であると言える．

　①　従属関係の有無による分類（并列句・主从句）

　前件と後件が，"并列的关系"かそれとも"从属的关系"なのかによって"从属句"と"并列句"に分けている分類，複文の階層的な分類でもある．"并列句"联合复句，等立复句とも言われている．"从属句"偏正复句とも言われている．

　②　因果関係の有無による分類

　前件と後件の関係が，因果関係を表すかどうかによって，"因果关系复句"と"非因果关系复句"にわけている．

　③　条件関係の有無による分類

　前件と後件の関係が，条件関係を持っているかどうかによって，"条件的复句"と"非条件复句"にわけている．"并列句"および"连贯（動作の連続）句"を"非条件的复句"にしている．

　以上の三つの視点からの分類に共通していることは，"并列句"（・・句も含む）についての分類である．并列句は上記の3視点（①従属関係でない，②因果関係を持たない，③条件関係を表せない）からすべて除外されている．

2　中国語条件文の分類

　中国語の条件文の研究は複文の研究そのものであるといえる．中国語では"条件文"という概念は存在せず，日本語の条件文に当たる"条件复句"という概念がある．いわゆる"条件复句"は複句の体系の中でどの位置に位置するかをまず確認しておく必要がある．

2.1　邢福义(2001)の分類

　邢福义(2001)では，"因果类・并列类・转折类"三分類しているが，"因果类・并列类"は"順接复句"であり，"转折类"は"逆接复句"である．日本語の条件文形式と関連ある"因果类・并列类部分"だけ取り上げる．
　①因果类：因果句,推断句,假设句,条件句,目的句……
　②并列类：并列句,连贯句,递进句,选择句.
　③转折类：转折句,让步句(实让句・虚让句・总让句・忍让句),假转句.

　◇因果句(因果类)："说明性因果句"の略称であり，前件と後件との(物事の)因果関係を表す形式である．代表的な形式として"因为 p,所以 q"がある．日本語の理由文「カラ文，ノデ文」に近い表現である．
　◇推断句(因果类)："证实性因果推断句"の略称であり，"事実的根据"を元に判断(推論)する形式である．代表的な形式として"既然 p,就(那么) q"がある．日本語の前件が事実文である条件文とナラⅠに近い表現である．
　◇假设句(因果类)："假设性因果推断句"の略称であり，日本語の"假定的条件文"及び"反事実假定文"に近い表現である．代表的な形式として"如果 p,就 q"がある．
　◇条件句(因果类)："条件性因果推断句"の略称であり，"条件的根据"を元に推論する形式である．代表的な形式として"只要 p,就 q"と"只有 p,オ q"がある．日本語の(一般的・习慣的)条件文「サエならば」「てコソ」などに近い表現である．
　◇连贯句(并列类)：前件と後件が時間軸上連続的に発生することを表す．"一 p,就 q"という形式がある．日本語の「動作の連続」「発見」に近い表現である．

2.2　王维贤等(1994)の分類

　複句の分類も上で確認したとおり，その他にもさまざまな分類がある．その中で条件関係の有無を視点に分類したのは，王维贤等(1994)しかない．このような条件関係からの研究は，日本語の条件文との対照研究をする際に，重要な手がかりになる研究だといえる．

　王维贤 等(1994)の複句の複文体系の分類を図にまとめるとは次のようになる(39a. b)．

（39a）＜図＞

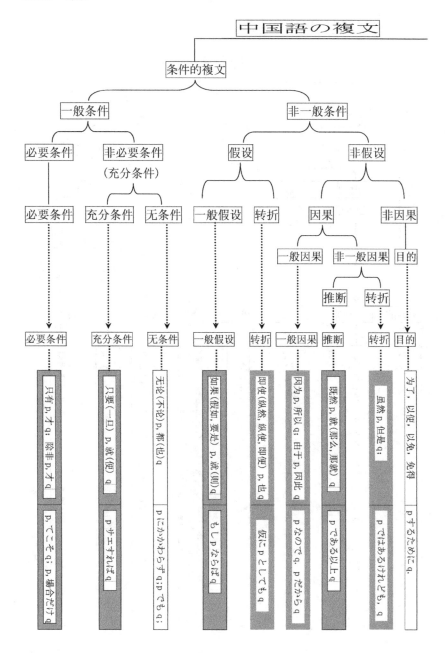

(39b) ＜図＞

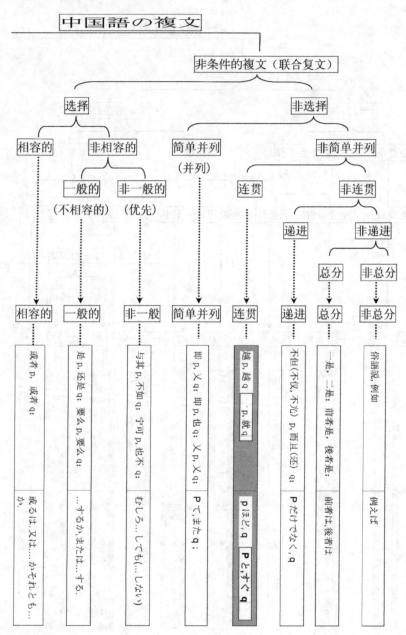

上記の分類の中で日本語の条件文と関連がある形式だけを取り出してまとめると次の図のようになる.

(40) ＜図＞

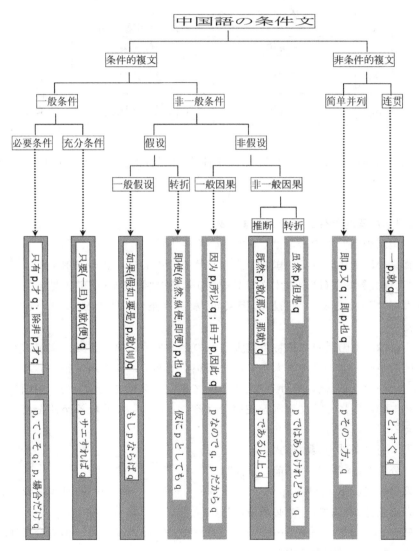

邢福义(2001)と王維賢 等(1994)の分類の違いをまとめると次の図のよう

になる．

（41）＜表＞

	邢福义(2001)	王维贤 等(1994)	
因果类复句	条件句	一般条件	条件的复句
	假设句	一般假设	
	推断句	(非一般因果)推断	
	因果句	一般因果	
并列类复句	并列句	简单并列	非条件的复句
	连贯句	(非简单并列)连贯	

　上でも述べたように，本論では"条件的・非条件的立場"から分類した，王維賢 等(1994)の分類を基準に分析を進めていく．

2.3　中国語条件文の分類のまとめ

　中国語の条件文の分類は，日本語の条件文の分類と大きく異なる．

　従来の研究における中国語の条件句はそもそも日本語の一般条件もしくは"真理関数的条件"を表す文である．日本語の"假定文・反事実假定"，理由文などに当たる文，"假设句，因果句"などは条件句とは別の扱いをしていた．

　それは，中国語の文法特徴によるものだと思う．中国語では文頭にくる文副詞がその文の意味に大きく関わるからである．日本語は条件形式「バ・ト・タラ・ナラ」を使い分けることによって異なる条件を表す一方，中国語では基本的に頭にくる文副詞を使い分けることによって異なる条件を表すといえる．

①　一般条件を表す形式：

充分条件（本論でいう"前提条件"）：

只要(一旦) p，就(便) q ……………………………………（pサエすればq）

必要条件（本論でいう"必須条件"）：

只有 p，才 q ……………………………（p，てこそq；p，場合だけq）

②　"假设条件"を表す形式

一般的假设：如果(假如，要是) p，就(则)q ………………（もしpならばq）

反事実假设：要不是 p,就(则) q　……………………（もしpでなかったらq）

③　事実に基づく判断形式(前件が事実である条件形式)

既然 p,　就 q:pである以上 q　………………………（バ・タラに近い表現）

既然 p,那么 q:pであるならq　……………………（ナラⅠに近い表現）

④　"因果关系"を表す形式

因为 p,所以 q：日本語の理由文「pだから，q」「pなので，q」に近い表現

⑤　動作(状態の変化)の連続を表す形式(事態連続を表す表現)

一 p,就 q：発見・動作の連続などを表す「pと,(すぐ) q」に近い表現

第3節　中国語条件文研究の問題点

1　副詞との共起の問題点

　中国語の条件文（複文）の形式の分類は2章1節でも取り上げたが，副詞との共起する形式「副詞 p，接続詞 q」が従来の主な研究の対象になっている．接続詞だけで表す条件形式「p，接続詞 q」と無標のゼロ形式の「p，q」の研究があんまりされていない．

　また，これらの形式の違いについての研究も少ないというよりあまりされていない．

1.1　「副詞 p，接続詞 q」

　中国語の複文「副詞 p，接続詞 q」形式は主に前に異なる副詞がくることで異なる意味を表している．

(42)　如果明天下雨，我们就不去长城．

　　　（もし明日雨が降れば，長城に行かない）

(42')　既然明天下雨，我们就不去长城．

　　　（明日雨がふれば，長城に行かない）

　このように，中国語では，異なる副詞によって異なる文になる．

　「如果」がある文は仮定文，「既然」がある文は，前件が事実文であることがはっきり分かれている．

　そのためか，従来の研究では，「副詞 p，接続詞 q」文を主に，前件に来る副詞から分類している傾向がある．確かに，下記の①〜④のように，主節の接続詞が同じく"就"であっても，従属節（前件）の副詞によって文の意味が決まる仕組みになっている．

　①"如果 p，就 q" ……………………………………………… 仮説文

　②"要不是 p，就 q" ……………………………………………… 反事実文

　③"既然 p，就 q" ……………………………………………… 前件が事実文

　④"只要 p，就 q" ……………………………………………… 条件文

そのため，接続詞"就"が複文（条件文）の中で表す意味，役割についての研究はあまりないと言うより軽視してきたといえる．

1.2 「p，接続詞 q」

また，接続詞だけでも条件を表すが，条件を表す接続詞は主に「就」「那么」「才」三つあるが，それぞれの違いについての研究はあまりされてない．

更に，これらの形式と副詞が共起する場合の「副詞 p，接続詞 q」形式とどう違うかに関する研究はあまりされてない．

①"p，就 q"の意味

(43) 你有意见就提．（意見があるなら提言して下さい）

(44) 一进门,他就看见了陈天寿．　　　　　　　　　　　　　　（邢福义2001）

（部屋に入ると，陳天寿がいるのを発見した）

(43)，(44)のように同じ"p，就 q"形式であっても，ナラ意味を表したり，発見の意味を表したりしている．

②"p，那么 q"の意味

(45) 周朴园:好得很,那么一切路费,用费,都归我担负．　　　曹禺《雷雨》

　　（周朴園：よし，それなら一切の費用は私が負担するから）

(46) A:"这是香港作风."B:"那么别做香港人."　　　　　亦舒《薔薇泡沫》

　　（A:「これは香港のやり方だよ」B:「それなら香港人にならないてね」）

③"p，才 q"の意味

(47) 无私才无畏．（無私であってこそ何ものをも恐れない）

(47') 只有无私才能无畏．（無私である時ダケ何ものをも恐れない）

1.3 "p，q"

無標の形式"p，q"と有標の「副詞 p，接続詞 q」の関係，意味的相違についての研究は従来あまりされてないが，この問題についての井上（2003）でも触れている．

(48) 你不说我说．（あなた言わない私言う）

既然你不说,那么我说．（あなたが言わないなら私言う）

(49) 昨天天气不好, 没去·城．　　　　　　　　　　　　　　　（井上2003）

　　（昨日いい天気でなかった，万里の長城に行かなかった）

（49'）因为昨天天气不好, 所以没去长城.

　　　（昨日いい天気でなかったから，万里の長城に行かなかった）

（50）你要用, 自己去借（あなた使いたい？自分で借りに行ってください）

（50'）你要用, 就自己去借（使いたいなら自分で借りに行ってください）

1.4　副詞との共起の問題点のまとめ

　一言で言うと，「副詞 p, 接続詞 q」「p, 接続詞 q」「p, q」3形式の相違についての研究があまりされていない.

　つまり，「副詞 p, 接続詞 q」と「p, 接続詞 q」の形式の違いにおける副詞の役割，副詞が条件文での役割の研究があまりされていない.

　また，「p, 接続詞 q」と「p, q」の形式の違いにおける接続詞の相違についての研究があまりされていない.

　即ち，「副詞 p, 接続詞 q」形式における副詞と接続詞の共起を一つのセットとして研究されてきたのが現実であり，それぞれを分割して複文（条件文）での役割を研究しようとしていない.

2　接続詞における研究の問題点

（順接）条件文に現れる接続詞は以下の"就""那么""才"三つの形式があげられる. これら三つの形式が実際条件文の中でどのような役割をしていて，どんな意味を表すのかについての研究はほとんどないと言える.

　同じ"就"であっても仮定的な表現（51）と発見の表現（52）を表す.

（51）你去我就去.（あなたがいくなら私も行く）

（52）一进屋, 就发现父亲倒在地上了.（部屋に入ると父が倒れていた）

　また，同じ"才"であっても理由（53）と必須条件（54）を表す.

（53）因为你去我才去.（あなたがいくから私が行く）

（54）只有你去我才去.（あなたが行く時だけ私が行く）

　更に，同じく事実的文であっても，ナラⅠとタラ・バの違いが中国語でもあるように思われる.

（55）既然是军人, 就应该死在战场上.　　　　　　　　　　　（邢福义2001）

　　　（軍人であれば（/る以上），戦死するのは当然のことだ）

（56）<u>既然</u>他有能力，<u>那么</u>应该重用他！　　　　　　　　　　（邢福义2001）

　　（彼が能力があるのなら，彼を重用するべきだ）

　（55）は事実文のバに近い表現，（56）はナラⅠに近い表現であるのに対して，従来の研究（邢福義2001など）ではそれを区別せず，同じ事実文として扱われている．つまり日本語のナラのトピック性に似たような用法を持っている"那么"を無視して同一の形式として扱われてきた①．

---

①　原文："既然 p，就 q"句式，简称"既然"句式，是一种推断是因果复句．在语表形式上，以"既然……那么（/就）……"为代表性形式标志．"既然"有时简作"既"．在语里关系上，以事实作为理由或根据，推断事物间的因果联系．（邢福义2001，p357）

第4節 中国語条件文の（本論での）分類

1 接続詞からの分類

1.1 接続詞"就"

日本語の条件文について，ヤコブセン（1990）では次のように述べている．「二つの事態を結び付ける関連性は，その原形において，一方の事態が先にあって，もう一方の事態が時間の流れにそってそれに付随するという，時間的共起性に過ぎないということである．従って，事態が時間と並行して，どう展開していくかを論理的に規定するのが不可能であると同様に，条件文における関連性を理論的に規定することもできない」（ヤコブセン1990.p107）とされている．

即ち，日本語の条件文の原点は，「後件が時間の流れにそって前件に付随する」という「時間的共起性」であり，「時間的共起性」こそ日本語の条件文の出発点であると言えるだろう．

（そのため，日本語の条件文の研究では，動作の連続など，条件関係を持たない文も条件文の一環として研究されていたと言える．）

その点，中国語の条件文とも共通するといえる．というより，中国語の条件文（複文）こそ「時間的共起性」を原点にしているといえる．

それは，中国語の条件文（複文）は前件と後件をつなぐ接続詞"就"から説明できると思う．

中国語の条件文における接続詞は，前節（2章3節）でも触れたように，"就""那么""才"などがある．その中で"就"がもっとも広く使われている代表的な接続詞である．

○接続詞"就"が「時間的共起性・連続性」を表せる理由
接続詞"就"は時間副詞"就"から派生したものである．

『日中・中日辞書』では，（時間）副詞"就"についてつぎのように，解釈している．
△副詞"就"の用い方△

（短時間内にある動作がなされ，またはある状態が現れることを表す）すぐ．じきに．

①　"就"＋動詞（または形容詞）の形．

◇足球联赛明天就开始/サッカーのリーグ戦はあすいよいよ始まる．

◇天很快就亮了/夜は間もなく明ける．

②　動詞句＋"就"＋動詞の形．二つの動作が相次いでなされることを表す．

◇说完就走了/話し終わるとすぐ行った．

◇扭头就跑/回れ右をしたとたん逃げ出す．

③　動詞句＋"就"＋形容詞の形．形容詞は動作の結果を表す．

◇再加一点就满了/もう少し加えるといっぱいになる．

◇看见你就高兴/君に会えばうれしくなる．

④　"一（刚,才）p 就 q"の形．

◇一看就会/見ればすぐできる．

◇刚出门就碰上老李/外へ出たとたん李さんに出くわした．

◇怎么才来就要走?/来たばかりなのにもう帰るのか．

以上のような時間副詞"就"は基本的に日本語の副詞「すぐ」に近い．日本語の副詞「すぐ」の意味・用例を中国語で訳すと次のように，ほぼ"就"で表せる．

「すぐ」の意味（広辞苑：第5版）

①　時間を置かないさま．ただちに．⇒ 我就去（私すぐ行く）

②　手数がかからないさま．容易に．簡単に．⇒一打听,就知道怎么走（人に聞けば道順はすぐ分かる）

③　距離的に離れていないさま．⇒商店就在你眼前．（店はすぐ目の前にある．）

以上のことからも，中国語の"就"は前件から後件への「時間的共起性・連続性」を表す語であると言える（p → q）．

条件文で現れる接続詞"就"は時間副詞"就"から派生しきたものであ

り，「時間的共起性・連続性」を色濃く残しているといえる．

　そのため，「"就"がある条件文は特定の事態間の『条件－帰結』を表しており，前件が実現されると，それに伴って後件が発生する」（井上2003）という「時間」レベルの依存関係を表している．

　即ち，条件文というのは，（57）のように，前件"面临困境"という事態が実現されると，それに伴って後件"另找出路"が発生するという「時間的依存関係」を原点であり，出発点であるといえる．

　この「時間的依存関係」の元で，前に異なる副詞（a. 如果 b. 只要 c. 既然）がきたら，異なる意味（a. 仮定 b. 前提条件 c. 既然条件）を表すといった仕組みになっているといえる．

（57）面临困境，就另找出路．
　　　（苦境に追い込まれると別の道を探す．）
　　a. 如果面临困境，就另找出路．
　　　（モシ苦境に追い込まれるタラ別の道を探す．）
　　b. 只要面临困境，就另找出路．
　　　（苦境に追い込まりサエスレバ別の道を探す．）
　　c. 既然面临困境，就另找出路．
　　　（モウ苦境に追い込まれたナラ別の道を探す．）

　条件関係を表す場合"就"は前提条件を表す．前提条件を表す場合普通副詞"只要"と共起する．（前提条件を表す"（只要）p，就 q"を中国語では文法用語として"充分条件"と呼ぶ）もちろん，複文における主節と従属節（副詞節）の階層的関係には変わりはない．

（58）　│如果面临困境│，就另找出路

　上記のような中国語の"就"における条件文の（共起副詞との）仕組みを図式で表すとつぎのようになる．

（59）図

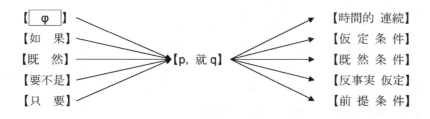

1.2　接続詞「才」

　接続詞"才"は必須条件をあら表す形式である．（必須条件を表す"（只有）p,才 q"を中国語では文法用語として"必要条件"と呼ぶ）"p,才 q"は日本語の「てコソ」に近い表現であり，（文）副詞，"只有""因为"などと共起する．

(60) 只有多练习,才能提高成绩/練習を積み重ねてこそ,はじめて成績が上げられる．　　　　　　　　　　　　　　　　　　　『日中・中日辞書』

(61) 正因为有困难,才派我们去/困難があるからこそ,われわれをそこに派遣するのだ．　　　　　　　　　　　　　　　　　　『日中・中日辞書』

(62) 只有你去我才去.（あなたが行く時だけ私が行く）

(63) 因为你去我才去.（あなたがいくからこそ私が行く）

　このような中国語の「才」における条件文の仕組みを図式で表すとつぎのようになる．

(64) ＜図＞

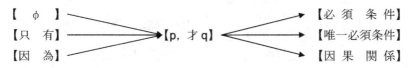

1.3　接続詞「那么」

　接続詞「那么」は，結果や判断を表す文の冒頭に用いる（『日中・中日辞書』）形式で，日本語の「…ならば.それでは」などの意味に近い意味を表す．

　日本語のナラと同様，中国語の「那么」は，「他者の意向・主張」が関与する場合（ナラⅠ）と，関与しない場合（ナラⅡ）がある．

○　ナラⅠに近い，既然の「那么」

【既　然】＋【p, 那么 q】＝「(既然の)那么」

(65)海上风不大吗?那么,船马上就起锚!/海上は風が強くないのか,それで
　　は船はすぐ出帆だ.　　　　　　　　　　　　　　　　　『日中・中日辞書』

○　ナラⅡに近い，仮定の「那么」

【如　果】＋【p, 那么 q】＝「(仮定の)那么」

(66)如果你认为可以这么办,那么咱们就赶快去办吧!/もし君がこんなふう
　　にやってもいいと思うなら,早速やることにしよう.

『日中・中日辞書』

(67)＜図＞

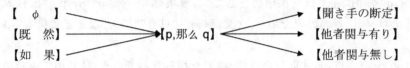

【　φ　】		【聞き手の断定】
【既　然】	【p, 那么 q】	【他者関与有り】
【如　果】		【他者関与無し】

2　意味的分類

中国語の意味的分類は，本論では，複句を条件的・非条件的に分類した王
維賢 等(1994)の分類に準ずる分け方をする.

(68)＜表＞

本論の分類		王維賢 等(1994)	
中国語の条件文	一般的条件	一般条件	条件的複句
	仮定文	一般仮設	
	非仮定条件 (前件が事実文)	(非一般因果)推断	
	理由文	一般因果	
中国語非条件文	事態連続構文	(非簡単並列)連貫	非条件的複句
	並列文	簡単並列	

(69)＜表＞

			前件	後件	
条件的	一般的条件	一般的	(不問)	(不問)	只要 p,就 q/只有 p,才 q
		習慣的	事実	事実	只要 p,就 q/只有 p,才 q
	非一般的条件	非仮定条件	事実	未実現	既然 p，就(那么)q
			事実	反事実	既然 p,那么 q
		仮定条件	未実現	未実現	如果 p，就 q
			反事実	反事実	要不是 p，就 q
非条件的	連続的同時的	動作の連続	事実	事実	(一)p，就 q
		発現	事実	事実	(一)p，就发现 q
		発見	事実	事実	正在 p 时,q
		きっかけ	事実	事実	(一)p，就 q

第Ⅲ部

各条件形式の日中対照

第4章
事態連続を表すト形式

第1節　事態連続とは何か

1　はじめに

ト形式は事態連続を表す表現に多く使われている．たとえば，

(01) 部屋に入ると，帽子を取った．　　　　　　　　　＜動作の連続＞

(02) 父が帰ると，子供達が飛びついてきた．　　　　　　　＜きっかけ＞

(03) ドアを開けると父が倒れていた．　　　　　　　　　　　＜発見＞

(04) 本を読んでいると電話が鳴った．　　　　　　　　　　　＜発現＞

のように，条件文といっても事態連続構文に近い意味を表す．事態連続構文とは普通（継起的または並列的な動作・状態を表す）テ形構文を指すのが一般的である．

本節では，同じく事態連続を表すテ形構文とト形式の相違について簡単に触れておくことにする．

2　事態連続を表すテ形構文

テ形構文は以下の4つの種類があり　テ$_1$はA類，テ$_2$とテ$_3$はB類，テ$_4$はC類に属する．具体的な例を挙げると，次のようになる（南1993，p79－86）.

○A類

テ$_1$：テ・デで終わるもののうちのあるもの．主文で表わされるおもな動作，状態などと平行して行われる副次的な動作で，おもな動作，状態のようすなどを描くもの．いわば状態副詞的なもの．

(05) 髪ヲフリミダシテトビカカル．

(06) 手ヲツナイデ歩キマシタ．

○B類

テ₂：テ・デで終わるもののなかで，＜継起的または並列的な動作・状態＞の意味を表すもの．

(07) 船ハ，エンジンを停止シ(テ)，錨ヲ投ゲタ．

(08) 左手デカバンヲカカエテ，右手デ必死ニ吊革ニブラサガッテイタ．

テ₃：テ・デで終わるもののなかで，＜原因・理由＞の意味を表すもの．

(09) キノウハ，カゼヲヒイテ会社ヲ休ミマシタ．

(10) 一行ノ到着は，途中の道路ガ混ンデ，予定ヨリ大ハバニオクレタ．

○C 類

テ₄：テで終わるもの．

(11) タブンA社ハ今秋新機種ヲ発表スル予定デアリマシテ，他社ノ多クモオソラクソレニ対抗スル計画ヲ考エルコトデショウ．

有田(2003)では，テ₁を「設定」，テ₂を「行為の連続」，テ₃を「原因・理由」，テ₄を「対照」としている(有田2003，p159－165)．テ₁は普通状態修飾節であり，単文と見なす場合が多いし，テ₄は逆接などで使われるC類に属するものである．テ₃は原因・理由を表す理由文(カラ形式，ノデ形式)に近い意味を表す．ということから普通事態連続としてト形式にもっとも近いのは「行為の連続」のテ₂である．

但し，これらのテ形式は単なる並列構文にすぎないのであって，次に触れるト形式とは本質的に異なる形式である．

3　事態連続を表すト形式とテ形構文の相違

テ形構文とト形式が本質的に異なるというのは，テ形は単なる並列構文であるのに対して，ト形式は事態連続を表すといってもあくまで条件文である．

確かに，テ形構文をト形式に置き換えが可能な場合がある．

たとえば，

(12) 父は上着を脱いで，ハンガーにかけた．

　　cf. 父は上着を脱ぐと，ハンバーにかけた．

テ形構文は単なる動作の連続を表すのに対して，ト形式はあくまで条件文の構造を持っている．ト形式は前節が条件文の前提になり，後件が条件

文の焦点になる.

　　(13) テ形：Aて，B　…………………………………………＜並列関係＞
　　　　　ト形：P(前提)ト，Q(焦点)…………………………………＜条件関係＞

　ということは，条件文は，前件が後件成立のための前提もしくはきっか
けにならなければならない. 前件が後件のきっかけにならないので(14a)
は言えるが，(14b)のようにきっかけ・前提にならない場合は基本的にト形
式は使えない.(15)は前提・きっかけになる場合の例である.

　　(14) a. 今日は7時に起き<u>て</u>，8時に家を出ました.

　　　　 b. *今日は7時に起き<u>ると</u>，8時に家を出ました.

　　　　 cf. *今日は7時に起き<u>ると</u>(それをきっかけに)8時に家を出ました.

　　(15) a. ノックをし<u>て</u>中から声がしました.

　　　　 b. ノックをする<u>と</u>，中から声がしました.

　　　　 cf. ノックをする<u>と</u>，(それをきっかけに)中から声がしました.

　次の例からも両者の本質的な違いが見えてくる.「連続する動作を描く場
合，テは3つ以上の動作の連続を描くことができるが，トは2つの動作の連
続しか描けない」(蓮沼・有田・前田2001,p35).

(16)a. 父は家に帰っ<u>テ</u>，ご飯を食べ<u>テ</u>，お風呂に入っ<u>テ</u>寝た.

　　　 cf. *父は家に帰る<u>ト</u>，ご飯を食べる<u>ト</u>，お風呂に入る<u>ト</u>寝た.

　　 b. 父は家に帰る<u>ト</u>，ご飯を食べ<u>テ</u>，お風呂に入っ<u>テ</u>寝た.

　　 c. 父は家に帰っ<u>テ</u>，ご飯を食べる<u>ト</u>，お風呂に入っ<u>テ</u>寝た.

　　 d. 父は家に帰っ<u>テ</u>，ご飯を食べ<u>テ</u>，お風呂に入る<u>ト</u>寝た.

　このようにト形式は複文形式であり，トの前の部分が従属節で後ろの部
分が主節になる. それに対してテ形はそのような役割を持っておらず，複
文形式として捉えにくい. そのため次のような複文形式であるト形式をテ
形て置き換えることができない.

　　(17) 彼は部屋に入る<u>ト</u>,帽子を取った.

　　　　 cf. #彼は部屋に入っ<u>テ</u>帽子を取った.

　　(18) 父が帰る<u>ト</u>，子供達が飛びついてきた.

　　　　 cf. *父が帰っ<u>テ</u>，子供達が飛びついてきた.

(19) ドアを開ける<u>ト</u>父が倒れていた.

　　cf.＊ドアを開け<u>テ</u>，父が倒れていた.

(20) 本を読んでいる<u>ト</u>電話が鳴った.

　　cf.＊本を読んでい<u>テ</u>，電話が鳴った

実際の中国語訳も，テ形はゼロ形式で訳されており，条件形式である
「就」で訳されることはない.

(21) a. 私の生れたのは，舞鶴から東北の，日本海へ突き出たうらさびし
　　　い岬である．父の故郷はそこではなく，舞鶴東郊の志楽である．<u>懇</u>
　　　<u>望されて，僧籍に入り</u>，辺鄙な岬の寺の住職になり，<u>その地で妻を</u>
　　　<u>もらって，私という子を設けた</u>.　　　　　　三島由紀夫『金閣寺』
　　b.我的出生地－－成生海峡,在舞鶴东北边陲的尽头.那里三面伸入日
　　　本海,是一个荒凉孤寂的小岛.父亲的故乡不是此地,而是舞鶴东郊的
　　　志乐.<u>由于诚心信佛他籍入僧门,来到僻远的海峡,成为寺院住持.随后</u>
　　　<u>在当地娶妻,生得我这么个儿子</u>.　　　　　焦同仁·李征译《金阁寺》

第2節　ト節における時間的限定性

1　はじめに

接続形式「ト」は条件表現の一角として従来多く論じられてきた．本章ではト形式とそれに対応する中国語の表現形式の対照を中心に考察することにする．まず，次の対訳例を見てみたい．

(22) a. 老師は女遊びをし尽した人だときいていた．老師が遊んでいるところを想像すると，可笑しくもなり，不安にもなる．

三島由紀夫『金閣寺』

　b. 听说他贪色透顶．一想到他逛青楼时的情景，我就觉得既可笑又不安．

焦同仁・李征 译《金阁寺》

(23) a. 次の日私は先生の後につづいて海へ飛び込んだ．そうして先生と一所の方角に泳いで行った．二丁程沖へ出ると，先生は後を振り返って私に話し掛けた．夏目漱石『こころ』

　b. 下一天，我跟在先生后面跳进了大海，同先生一起向远方游去．刚游出二百多米远的海面，先生就回过头开始同我说话了．

董学昌 译《心》

(24) a. 宿へ帰って荷物をまとめていると，女房が何か不都合でも御座いましたか，御腹の立つ事があるなら，云って御くれたら改めますと云う．

夏目漱石『坊ちゃん』

　b. 当俺回到住处，开始捆行李时，女房东说："是不是有什么不周到的地方？如果惹您生了气，只要您说，我们就一定改．"　　刘振瀛 译《哥儿》

(22)〜(24)はト形式がそれぞれ「一P，就Q」「P，就Q」「P・，Q」に訳されている．本章ではト形式とこれらの形式との用法的相違について検討する．

2　従来の研究

ト形式は，従来レバ形式，タラ形式，ナラ形式と共に典型的な条件表現として扱われてきた．ト形式は「その表現の一部が派生的に条件表現を作り上げるに過ぎない（益岡1997．p60）」ことから他の条件表現と同列に扱うこ

とができない.

　ト形式の文の基本は「前件と後件で表される二つの事態の一体性を表す点にあると見ることができる. 前件で表される事態と後件で表される事態とが継起的に実現するものとしてわかちがたく結びついていることを表す広義の順接並列の表現の一つである(益岡1997. p60)」とされている.

　中国語では，ト形式のように二つの事態の継起的実現を表す形式が「一P，就 Q」と「P，就 Q」があり，本節(4章2節)では，これらの形式とト節との時間的関係について考察する.

　また，日本語のト形式が現れる文の意味として「動作の連続」「発見」「きっかけ」などに分けられている(蓮沼・有田・前田2001). 中国語の場合上記の「(一)P，就 Q」形式の前に副詞「剛(…やいなや)」「只要(さえ…れば)」などを付加して＜時間的関係＞と＜条件的関係＞を区別して表す. このようなト形式の＜時間性＞と＜条件性＞の相違については次節(4章3節)で考察する.

　〇ト節における＜時点＞と＜時段＞について

　ト節における接続助詞「ト」に前接する形式は，出来事を一まとまりのものとして一体的に捉える完成相「ル形」と出来事の進展の中での一段階を取り出して指し示す継続相「テイル形」に分けることができる.

　つまり，「ル形(完成相)＋ト」と「テイル形(継続相)＋ト」であり，この二つの形式における時間性を＜時点＞と＜時段＞の立場から分析していく.

3　「ル形(完成相)＋ト」形式

　ト形式に前接する述語が完成相のル形の場合，時間的展開の質的状態の立場から，述語の＜時間的限界性(limitedness)＞を表す「時点のル形」と述語の＜時間的局面性(phase)＞を表す「時段のル形」に分けることができる.

3.1　「(時点)ル形＋ト」と「一 P，就 Q」

　日本語のト節について見てみよう. まず，ト節(P節)の動詞が内的限界を持つ変化動詞の場合，

　(25)部屋に入ると，帽子を取った.

　(25')＜図＞

　この場合は，部屋に「入ってない」未然の状態から「入る」という動作の瞬間的完成・完了を伴い，完了形「入った」になる．その完了形「入った」という結果状態が継続していると継続形「入っている」によってその結果状態の継続を表す．

　上記の図1からも分かるように，P節動詞「入る」は時間軸の上で点（Point）として表されている．このような時間軸における点を本論では＜時点（Point of time）＞①と呼ぶことにする．

　次に，P節動詞が知覚動詞「知る，分かる」の場合も，ある事態についての把握してない状態から把握される状態への身体内部の変化を捉える変化動詞である．

(26) 彼は，魚が頭を自分の方へ向けたと<u>知る</u>と，その機を逸しないで，
　　　蔓を手早く手元へ繰り寄せる．　　　　　　　　　　　菊池寛『俊寛』

(26') ＜図＞

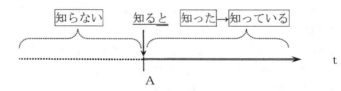

　(26'＜図＞)のAは，「知らない」状態から「知っている」状態への変化の完了を示すと同時に変化の完了後の状態を示し，それが新状態として出現し，持続している．即ち，「知っている」という新状態の出現は「知る（A）」時点から始まるものである．

---

①　李英哲 等(1990：p452)では＜時点＞をPoint of time，＜時段＞をphaseとしている．日本語の場合，工藤(1995：p34)では，「時間的展開の質的状態」の立場から，「時間的限界性(limitedness)」と「時間的局面性(pahse)」に分けている．

　　上記のように日本語では限界性を持ってる変化動詞が時点を表しうる．P
節動詞が「時点」を表す場合，中国語では「一P，就Q」形式で表現している．

　　(27) 他一进屋，就把帽子摘下来了．(彼は部屋に入ると，帽子を取った．)

　　(28) 我一知道他就在附近，我第一个念头，就是要逃回中原去．

　　　　　　　　　　　　　　　　　　　　　　　　　　金庸《白马啸西风》

　　　　(私は，彼が近くにいることを知ると，中原に逃げることを念頭に
　　おいた．)

　　＜時点＞を表す場合P節動詞は普通変化を表す主体変化動詞と主体動作
・客体変化動詞が多く，その＜時点＞は変化の始点になる．主体変化動詞
（死ヌ，開ク，入ル，行ク…）と主体動作・客体変化動詞（切ル，着ル，折ル，
脱グ…）は変化を表す動詞であり，動詞の時間的構造からすると終了限界が
動詞の意味に含まれている限界動詞である．

　　このように，P節動詞が変化を表す場合，日中両語ともその動作が時間
軸の上で＜時点＞として現れる．

3.2 「(時段)ル形＋ト」と「P，就Q」

　　変化を表す限界動詞は時間軸の上で＜時点＞を表しているが，非限界動
詞の場合はそれができない．それは非限界動詞は，予め定まった終了限界
がないので，例えば「歩く」の場合，一歩歩いても，10km歩いても，「歩く」
という運動は達成されたことになるからである．このような非限界動詞
は，「外的限界設定（金水2000．p32）」によって，その動作の限界性を定めて
いる（10km，1時間，1時から3時まで，東京・大阪間など）．

　　(29) 雪は二三枚読むと，なんと思ったか，ぱっと原稿を膝から払いのけた．

　　　　　　　　　　　　　　　　　　　　　　　　　　太宰治『断崖の錯覚』

　　(29’) ＜図＞

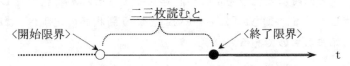

　　(29’＜図＞)のように「読む」という非限界動詞の開始限界（読み始める）
から終了限界（二三枚まで読む）に達成するまでの時間は一瞬の＜時点＞で

はなく，動作の過程を持つ＜時段（phase）＞である．P節動作が＜時段＞を表す場合，中国語では「一 P，就 Q」形式で表すことができず，「P，就 Q」形式で表す．

(30)a. 次の日私は先生の後につづいて海へ飛び込んだ．そうして先生と一所の方角に泳いで行った．二丁程沖へ出ると，先生は後を振り返って私に話し掛けた．　　　　　　　　　　　　　夏目漱石『こころ』

　　b. 下一天，我跟在先生后面跳进了大海，同先生一起向远方游去．刚游出二百多米远的海面，先生就回过头开始同我说话了．　董学昌 译《心》

つまり，「一 P，就 Q」は＜外的限界設定＞修飾語を含むことが出来ない（邢福义1993）①．次の例(31)，(32)は限界動詞「出（出る）」「开（開く）」の動作の結果状態の継続を表す場合の例である．

(31) 刚走出校门几十步，他就发现有人盯梢．（校門を何十歩かぐらい出ると，彼は人に尾行されることに気がついた．）
　　cf.＊一走出校门几十步，他就发现有人盯梢．　　　　　（邢福义1993）

(32) 刚开门几分钟，柜台前就出现了一长队人．（開店して何分かぐらいすると，カウンター前は長い行列ができた．）
　　cf.＊一开门几分钟，柜台前就出现了一长队人．　　　　（邢福义1993）

次は，非限界動詞「看（見る）」「听（聴く）」が「時点」を表す例である．非限界動詞は，予め定まった終了限界がないため，一回チラッと見ても，ずっと何時間見続けても「見る（看）」という運動は達成されたことになる．

(33) 一看就明白，一听就知道．（見るとすぐ理解できる，聞くとすぐ分かる）

(33)の場合は，「未だ見てない，聴いてない状態」から「既に見た聴いた状態」への変化の瞬間として取られている．それは「変化を捉えない非限界動詞のスル形は＜終了限界達成性＞を焦点化するのではなく，＜開始限界達成性＞を表している（工藤1995．p87）」からである．本論の立場とする

---

① 　原文："刚 X，就 Y"里，前项可以含有 "不久，几天"之类时段补语，或"不远，几步"之类地段补语；而"刚一 X，就 Y"却同"一 X，就 Y"一样，对时段地段补语是排斥的（邢福义1993：p260）.

と，未然から既然へ＜変化する時点＞＝＜開始限界達成性＞になる．その点日本語も中国語も同じであるといえる．

4　「テイル形（継続相）＋ト」

継続相テイルは，「動詞から一定のやり方でその時間的構造の中から，特定の段階を取り出す（金水2000．p16）」が，取り出した段階が運動の過程の場合＜動作の継続＞，終了後の状態の場合＜結果の継続＞になる．

但し，ト節におけるテイル形は「Pの最中にQ事態が現れた」という意味を表しており，＜動作の継続＞に限られていると考えられる．＜動作の継続＞ということは時間軸の上で＜時段＞を表すことになる．

(34)a. 夕飯を食<u>っていると</u>，裏口から芳子が帰って来た．急いで走って来たと覚しく，せいせい息を切っている．　　　　　田山花袋『布団』

　　 b. <u>正吃晚饭的时候</u>，芳子从后门回来了．她气喘吁吁，象是急着跑回来的．

　　　　　　　　　　　　　　　　　　　　　　　　　　黄凤英 译《棉被》

(34)のように，中国語ではテイル形を「ている最中に」の意味の「正（在）P时（候），Q」で表す．

5　ト節における＜時点＞と＜時段＞のまとめ

P節における動作の＜時点・時段＞の相違から日中両語を次のようにまとめることができる．

ト節は，基本的に限界動詞又は＜外的限界設定＞がない非限界動詞の場合(33)，＜時点＞を表す．従ってそれ以外の，＜外的限界設定＞がある非限界動詞の場合と継続相テイルの場合は＜時段＞を表す．

中国語の場合，＜時点＞を表す有標形式「一」が存在する点が日本語にはそのうような有標形式がないといえる．①

---

① 工藤（1995：p35）では，＜出来事の時間的現象化の個別・具体性の有無＞を「時間的限定性」とし，現代日本語には「時間的限定性」を表す形態論的表現手段は無いとされている．

（35）＜表＞

	＜　時　　　点　＞	＜　時　　　段　＞	
	ル(完成相)＋ト	ル(完成相)＋ト	テイル(継続相)＋ト
日	限界動詞 非限界動詞 (外的限界設定ナシ)	非限界動詞 (外的限界設定アリ)	非限界動詞
中	一Ｐ，就Ｑ	Ｐ，就Ｑ	正(在)Ｐ时(候)，Ｑ

第5章
ト条件文における日中対照

第1節　ト形式におけるタクシス性と条件性

1　はじめに

　日本語のト形式の用法を従来の研究から大きく，偶然的・一回的事態を表すタクシス関係と恒常的・多回的事態を表す条件関係に分けることができる.

　それを表に示すと次のようになる.

（01）＜表＞

一般的	習慣的	現実的状況	動作の連続	発見	きっかけ	発現
(ル)ト	(ル)ト	(ル)ト	(ル)ト	(ル)ト	(ル)ト	(テイル)ト
バ	バ			タラ	タラ	タラ
恒常的・多回的				偶然的・一回的		
(継起性)				継起性		同時性

　まず，偶然的・一回的(タクシス的)事態を見ていくことにする.

2　偶然的・一回的(タクシス的)

2.1　ト形式とタラ形式の相違

　【構文的相違】事態連続(時間的継起・同時性)を表すト形式は，P節命題とQ節命題が同じ資格のものとして結び付き，統一的関連性で結ばれているとされている.

　（02）私は〔〔上着を脱ぐ〕と〔上着をハンガーに掛ける〕〕た.

（国広1982）

　　　　cf. 私は上着を脱ぐとハンガーに掛けた.　　　　　　（P_1 ト P_2）

　（02）では,「〔上着を脱ぐ〕，〔上着をハンガーに掛ける〕という時制辞

を含まない命題(これを時制辞含むＳと区別する意味で以下‘Ｐ’と表記しよう)を同じ資格のものとして結び付けており，その全体に時制辞の「タ」が結び付けられるという形になっていると考える(国広1982．p269)」．

　(03)　父は〔〔横になっ〕たら，〔すぐ眠ってしまった〕〕．（S₁タラS₂）

　国広(1982)の表記に準じて解釈すると，ト形式の場合は「P₁トP₂」になるが，タラ形式の場合は「S₁タラS₂」になる．

　【時間的相違】ト形式とタラ形式の違いは「ドアを開けると(たら)，父が倒れていた」の場合，ト形式はＡ＝＜動作→結果への変化時点＞であり，タラ形式はＢ＝＜結果の状態の開始時点＞である．

　(04)　＜図＞

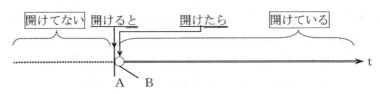

　以上のように，ト形式はＰとＱが同じ資格のものとして結び付き，統一的関連性で結ばれているに対して，「事実的な『たら』」は前件の事態が成立した状況において，後件の事態を話し手が実体験的に認識するといった関係を表す場合に使用される(蓮沼1993．p79下線は引用者による)．」

　ここでいう「事実的な「たら」」とは，「発見・きっかけ・発現」などの用法を指しており，これらの用法の場合その殆どがト形式に置き換えることが可能である(01表参照)．本論でいう＜偶然的・一回的＞なト形式は，偶然的・一回的に起こった事実的な事態を表す用法であり，その殆どがタラ形式に置き換えが可能であるが，次のような＜動作の連続＞の場合はそれができない．＜動作の連続＞とは「Ｐ節動作＋Ｑ節動作」であるのに対して，タラ形式は(04)図のように「S₁(Ｐ節動作完了の状態)＋S₂(Ｑ節動作)」にしか捉えられないからである(04Ｂ)．

　(05)　a．彼は上着を脱ぐとハンガーに掛けた．　　　　　　＜動作の連続＞
　　　　b．*彼は上着を脱いだらハンガーに掛けた．

2.2　ト形式にあたる中国語の表現

①　ＰとＱの継起性を表すト形式は，二つの動作の瞬間的連続を表す．そ

のため継起性を表すト形式を瞬間的連続を表す「や否や」に置き換えることができる.

　(06) 部屋に入ると，帽子を取った. /部屋に入るや否や，帽子を取った.

　このように，＜継起性＞を表す「動作の連続・発見・きっかけ」などが殆ど「や否や」に置き換えが可能である（「発見」には例外の場合もある. (09)参照）.

　一方，中国語では，置き換えるのではなく，「や否や」の意味に近い副詞「刚」を「(一)P，就 Q」の前に付けて瞬間的連続を顕在化する（「刚(一)P,就Q」）.

　(07) 刚一起床就跑出去了/ 起きるや否や飛び出した.『日中・中日辞書』

　②　「発現のテイルト」について

　「テイル(継続相)＋ト」は，継続相であるため，＜同時性＞しか表すことができず，日本語では，「や否や」と置き換えができない. 中国語でも，副詞「刚」が「正(在)……时(候)」と共起できない.

　(08) a. 夕飯を食っていると，裏口から芳子が帰って来た.

　　　cf. *夕飯を食っているや否や，裏口から芳子が帰って来た.

　　　b. 正吃晚饭的时候，芳子从后门回来了.

　　　cf. *刚正吃晚饭的时候，芳子从后门回来了.

　③　「発見のト」について

　(09) a. ドアを開けると，父が倒れていた.

　　　cf. *ドアを開けるや否や，父が倒れていた.

　　　b. ドアを開けると，父が倒れているのを発見した.

　　　cf. ドアを開けるや否や，父が倒れているのを発見した.

　「発見のト」は(44)のように，知覚・感知を表す「発見する・気が付く・感じる」動詞が省略される場合もあるが，中国語ではそのような述語動詞を如何なる場合でも省略することができない.

　(10) a. 一进屋，就发现父亲倒在地上了.

　　　（部屋に入ると，父が倒れているのを発見した.）

　　　b. *一进屋，就父亲倒在地上了. (*部屋に入ると，父が倒れた.)

3　恒常的・多回的（条件的）

3.1　一般的・法則的の因果関係

条件文「pならばq」は，「Eだから，pならばq」といった論理構造を持つ．前提Eが，pがqを実現するのを媒介している．Eは，話し手と聞き手の共有情報であり，言語化されていない＜暗黙の前提＞である（坂原1993参照）．

(11) 図

(12) 春になると花が咲く，冬になると雪が降る．

＜自然的・社会的法則＞

　a. 春になってこそ花が咲く，冬になってこそ雪が降る．

＜必須条件＞

　b. 春にさえなれば花が咲く，冬にさえなれば雪が降る．

＜前提条件＞

　(12)の場合，「p：春になる，冬になる」→「q：花が咲く，雪が降る」が成立するには＜一般的・法則的＞といった＜暗黙の前提＞が必要である．つまり，砂漠或いは南極では春になっても花が咲かない場合もある．従って，(47)が成立する場合の暗黙の前提は「日本であれば」などという地域性の限定で成り立つ自然現象といったものである．

　即ち，ト形式の「一般的・法則的の因果関係」とは＜暗黙の前提＞そのものを指す．このような「一般的・法則的に成立する条件」を暗黙の前提にする場合は，「p→q」が普通＜必須条件（唯一条件）＞として解釈されやすい場合が多い．(48)は，欠くことのできない唯一の条件を表す「してこそ初めて…だ」「でなければ…できない」形式に置き換えることができる．中国語でも日本語と同じような解釈が可能であり，「（一）P，就Q」形式を「只有P，才Q」

に置き換えが可能である①.

(13) 氷は溶けると水になる/氷は溶ければ水になる.

　　cf. 氷は溶けて初めて水になる/氷は溶けなければ水にならない.

(14) 只有呼吸到空气，人才能活着.（人は呼吸できてこそ生きられるのだ）

(15) 只有赶不上火车，我们才改乘轮船.（汽車に間に合わなかったら，その時私達は改めて船に乗る）

　但し，(14)は＜一般的・法則的＞用法であるのに対して，(15)はそうではない. 即ち，＜一般的・法則的＞用法＝＜必須条件（唯一条件）＞ではない. 従って，「一般的・法則的」という＜暗黙の前提＞があってからこそ「p→q」が＜必須条件（唯一条件）＞になる（日本語でも同じことがいえる）②. 勿論，一般的・法則的の因果関係を表す場合(12b)のように＜前提条件＞を表すことも可能である. この場合中国語では「只要（一）P，就 Q」形式で表す（次の例17参照）.

3.2 反復的事態・個人的習慣

　＜反復的・習慣的＞用法は，「p→q」が成立する暗黙の前提 E が＜反復的・習慣的＞条件である. ＜反復的・習慣的＞用法は殆どの場合，＜前提条件（最低条件）＞ として解釈される場合が多い. 従って，最低条件を表す「さえすれば」に置き換えが可能である. 中国語では，「（一）P，就 Q」の前に「只要」を付けて「只要（一）P，就 Q」で表す.

(16) 私は薬を飲むと（飲めば），風邪がすぐ治る. 　　　　　　＜習慣的＞

　　cf.私は薬さえ飲むと（飲めば），風邪がすぐ治る.

(17) 我一喝酒，就脸红. 　　　　　　　　　　　　　　　　　＜習慣的＞

　　（私は酒を飲むと（？飲めば），顔が赤くなる）

　　cf.我只要一喝酒，就脸红.

---

① 　"（一）P，就 Q"形式を"只有 P，才 Q"に置き換えが可能といった問題は 6 章で詳しく議論する.

② 　「春になると花が咲く」の例の場合，温室の花は春にならなくても咲く訳であり，「p→q」が＜必須条件（唯一条件）＞にならない. 即ち一般的・法則的という＜暗黙の前提＞下でしか＜必須条件＞にならない.

（？私は酒を飲みさえすれば，顔が赤くなる）

　以上のように，ト形式の＜反復的・習慣的＞用法は＜前提条件＞を表す場合が多く，＜一般的・法則的＞用法は＜必須条件＞を表す場合が多いといえる(「サエ・コソ」で言い換えるとその＜必須条件・前提条件＞がもっと顕在化する)．

　中国語でも「只要(一)P，就Q」が＜前提条件＞を顕在化し，「只有P，才Q」が＜必須条件＞を顕在化するとされている(邢福义2001,p100)．

　因みに，本論でいう＜一般的・法則的＞，＜反復的・習慣的＞などはト形式の用法におけるラベル張りであり，＜前提条件・必須条件＞などは論理言語における条件関係を表す．

4　ト形式における＜ポテンシャル性＞と＜アクチュアル性＞

　「ト」は「前提接続を顕示する接続助詞である．前件Aと後件Bとが，時間の前後，段階の順序，論理の因果，根拠と論述などといった関係を構成することがある．たが，接続助詞『と』が，そういった関係を表現するとはいえない．それらの関係は，前件Aを表現する素材と，後件Bを表現する素材とが，素材相互の関係として認定されるというだけのことである．接続助詞『と』はそれらのいずれについても，前件Aが後件Bの前提であることを表現して，前件の両件を一文に接合する機能を荷担するだけである(塚原1969)」．

　また，テンス・アスペクトを＜時間的限定性＞の立場から工藤1995では次のように分類している．

(53)＜表＞

アクチュアル	具体的	一回性 多回性	Aspect 対立有	Tense 対立有
アクチュアル・ ポテンシャル	抽象的	反復性	Aspect 対立中和	Tense 対立有
ポテンシャル	一般的	特性	Aspect 対立無	Tense 対立無

　ト形式と「(一)P，就Q」形式をこのような＜時間的限定性＞から次の三つに分けることができる．

　① ポテンシャル：非アクチュアルな＜超時的な質規定文＞であり，アス

ペクト・テンスの対立がない.

(1) a.　春になると花が咲く，冬になると雪が降る.　　　＜一般的＞

　　b.　<u>一</u>到春天，<u>就</u>满地开花，<u>一</u>到冬天，<u>就</u>下大雪.　　＜一般的＞

　②ポテンシヤル・アクチュアル：時間的抽象化を具体化へ進行させ，時間のなかへのアクチュアル化の可能性をとらえている点が特徴的である．運動の複数性というアスペクト的意味と，テンス対立はあるが，アスペクト対立は，中和していく.

(2) a.　この地方はいつも冬になると，大雪が降<u>る</u>（<u>っている</u>）.

＜現在の反復的事態＞

　　b.　这地方总是<u>一</u>到冬天，<u>就</u>下大雪.　　　＜現在の反復的事態＞

c.　この地方は昔冬になると，大雪が降<u>った</u>（<u>ていた</u>）.

＜過去の反復的事態＞

d.　这地方以前<u>一</u>到冬天，<u>就</u>下（了）大雪.　　　＜過去の反復的事態＞

　③ アクチュアル：＜個別・具体的時間のなかへのアクチュアルな現象を記述する文＞であり，アスペクト・テンスの対立がある.

(3) a.　冬になると大雪が降り出した.　　　　　　　＜きっかけ＞

　　b.　<u>一</u>到冬天，<u>就</u>下起了大雪.　　　　　　　＜きっかけ＞

5　のまとめ

　第4章では，前半（2節）ではP節の時間性の違いから中国語の条件形式を，＜時点＞を表す「一P，就Q」，＜時段＞を表す「P，就Q」に分けて，日本語の「Pト，Q」との違いを考察した．また，後半（3節）ではト形式を＜ポテンシャル＞＜アクチュアル＞の視点から中国語の「（一）P，就Q」「（一）P，就発現Q」「正在P時候，就Q」形式との対応関係を考察した.

　これらを次の表のようにまとめることができる.

(54)表

| | ポテンシャル的 | | ポテンシャル・アクチュアル | | アクチュアル的 | | |

	現実的状況	一般的	習慣的	動作の連続	きっかけ	発見	発現
日 本 語	ト	ト(バ)	ト(バ)	ト		ト(タラ)	(テイル)ト(タラ)
付加形式						発見シタ	
置換形式		サエ　コソ	サエ		ヤ否ヤ		最中ニ
文末形式	ル形		ル・タ形	タ形			
中 国 語	(一)P，就Q		(一)P，就Q	(一)P，就Q		(一)P，就発現Q	正在P時候，就Q
付加形式		只要	只要	剛			
置換形式		只有…才					
	条件的(恒常的・多回的)			タクシス的(偶然的・一回的)			
	(継起性)			継起性			同時性

第2節　時間的限定性から見る"(一)P, 就 Q"とト形式

1　はじめに

　日本語のト形式が現れる文の意味としては「動作の連続」「発見」「きっかけ」などに分けられている(蓮沼・有田・前田2001). このようなト形式は中国語では普通"(一)P, 就 Q"で表す場合が多い. まず, 次の対訳例を見てみたい.

(01) a. 私が学校から戻ると部屋に呼んで、隣りに座らせて、私のその日
　　　いちにちのことを聞くの。　　　　　　　村上春樹『ノルウェイの森』

　　 b. 我一放学回来, 就把我叫到房间里, 让挨她坐下, 一一问我那一天做了
　　　什么.　　　　　　　　　　　　　　　　　　林少华 译《挪威的森林》

(02) a. 次の日私は先生の後につづいて海へ飛び込んだ. そうして先生と
　　　一所の方角に泳いで行った. 二丁程沖へ出ると, 先生は後を振り返っ
　　　て私に話し掛けた.　　　　　　　　　　　　夏目漱石『こころ』

　　 b. 下一天, 我跟在先生后面跳进了大海, 同先生一起向远方游去. 刚游出
　　　二百多米远的海面, 先生就回过头开始同我说话了.　　董学昌 译《心》

(03) a. 夕飯を食っていると, 裏口から芳子が帰って来た. 急いで走って来
　　　たと覚しく, ぜいぜい息を切っている.　　　　　田山花袋『布団』

　　 b. 正吃晚饭的时候, 芳子从后门回来了. 她气喘吁吁, 象是急着跑回来的.
　　　　　　　　　　　　　　　　　　　　　　　　黄凤英 译《棉被》

　(01)〜(03)はト形式がそれぞれ"一 P, 就 Q""P, 就 Q""正 P 时, Q"に訳されている. 中国語では前後両動作の＜時間的限定性＞の違いから形式的に"一 P, 就 Q"と"P, 就 Q"にはっきり分かれているのに対して, 日本語ではそういった形式的な区別がはっきりしない. この点, 本論の研究のきっかけである. 本論ではト形式と中国語のこれらの形式との対応関係について前後両動作の＜時間的限定性＞の立場から考察する.

2　従来の研究

　接続助詞「ト」は条件形式の一角として従来多く論じられてきた. ト形式は, 従来レバ, タラ, ナラなどと共に典型的な条件表現として扱われてき

たが，ト形式は「その表現の一部が派生的に条件表現を作り上げるに過ぎない(益岡(1997). p60)」ことから他の条件表現と同列に扱うことができない．つまり，ト形式の基本的な意味は「前件と後件で表される二つの事態の一体性を表す点にあると見ることができる．前件で表される事態と後件で表される事態とが継起的に実現するものとしてわかちがたく結びついていることを表す，広義の順接並列の表現の一つである(益岡(1997). p60)」とされている．

　中国語では，ト形式のように二つの事態の継起的実現を表す形式が"一P，就 Q"と"P，就 Q"があり，本論では主にこれらの形式とト節との＜時間的限定性＞について考察する．日本語のト形式が現れる文の意味として「動作の連続」「発見」「きっかけ」などに分けられているが，中国語では上記の"(一)P，就 Q"形式の前に副詞"剛(…やいなや)""只要(さえ…れば)"などを付加して＜時間的関係＞と＜条件的関係＞を区別して表す．この点，前稿李光赫(2005a)では＜アクチュアル性＞と＜ポテンシャル性＞の視点から考察したが，前後両動作 P と Q の＜時間的限定性＞については詳しく論じられていない．本論ではト形式の前後両動作の＜時間的限定性＞とそれに対応する中国語の形式"(一)P，就 Q"を中心に考察する．

3　ト節における＜時点＞と＜時段＞について

　日本語のト形式は複文であり，複文は基本的に前節(P 節)と後節(Q 節)で成り立っている．P 節は従属節であり，Q 節は主節になる．本節では従属節である P 節の特徴についてまず詳しく分析していくことにする．

　接続助詞「ト」に前接する形式は，出来事を一つのまとまりのものとして一体的に捉える完成相「ル形」と出来事の進展の中での一段階を取り出して指し示す継続相「テイル形」に分けることができる．つまり，「P (完成相：ル形)ト Q」と「P (継続相：テイル形)ト Q」であり，本節では＜時点＞と＜時段＞の立場からこの二つの形式における＜時間的限定性＞を分析していく．

3.1　限界動詞完成相(ル形)「P ト，Q」と"(一)P，就 Q"

　従来の研究でしばしば「瞬間動詞」という概念が出てくるが，それは「落ちる」「(電灯が)つく・消える」などの動詞が表す動作・行為が瞬間的に終わってしまうことから「瞬間動詞」と呼ばれている．これらの動詞は「〜テイル」の形で，動作・行為の結果が残って継続することを意味することから「結果動

詞」或いは「変化動詞」と呼ばれることも多い．変化動詞は主体変化もしくは引起し手の変化を捉える限界動詞①である．

　日本語では(04)のように，ト節(P節)の動詞が限界性を持つ変化動詞の場合は，部屋に「入ってない」未然の状態から「入る」という動作の瞬間的完成・完了を伴い，完了形「入った」になる．その完了形「入った」という結果状態が継続していると継続形「入っている」によってその結果状態の継続を表す．

　(04)　彼は部屋に入ると，帽子を取った．

＜図1＞②

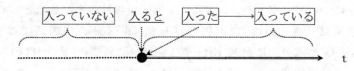

　図1からも分かるように，P節動詞「入る」は時間軸の上で点(Point)として表されている．このような時間軸における点を本論では＜時点(Point of time)＞と呼ぶことにする．日本語では限界性を持っている変化動詞が＜時点＞を表しうる．P節動詞が＜時点＞を表す場合は，中国語では次の(05)のように"一P,就Q"形式で表す．

　(05)　他一进屋,就把帽子摘下来了.（彼は部屋に入ると，帽子を取った．）

　＜時点＞を表す場合はP節動詞は普通，変化を表す主体変化動詞と主体動作・客体変化動詞が多く，その＜時点＞は変化の始点になる．主体変化動

---

① 動詞の時間的構造から見ると，終了限界が意味的に内在されているかどうかという観点から限界動詞と非限界動詞に分けることができる．終了限界が意味的に内在されている動詞が前者で，意味的に内在されていない動詞が後者である．変化を捉えない非限界動詞のスル形は＜開始限界達成性＞を表しているが，変化を捉える限界動詞のスル形は＜終了限界達成性＞を焦点化する．（詳しくは金水(2000). p31参照）

② 図式における表記について，本論ではP節動詞の＜開始限界＞と＜終了限界を＞をそれぞれ「〇」，「●」に，Q節動詞の＜開始限界＞と＜終了限界＞をそれぞれ「◇」，「◆」に表記する．また動作の未開始段階を「………」に，動作の継続段階を「───」に，動作の結果継続段階を「＝＝＝」と表記する．瞬間的変化を表す限界動詞は＜開始・終了限界＞の区別が難しいが，限界動詞のスル形は＜終了限界達成性＞を焦点化するため本論では限界動詞のスル・シタ形を「●」か「◆」で表記する．以下同じ．

詞（死ヌ，開ク，入ル，行ク…）と主体動作・客体変化動詞（切ル，着ル，折ル，脱グ…）は変化を表す動詞であり，動詞の時間的構造からすると終了限界が動詞の意味に含まれている限界動詞である．

このように，P節動詞が変化を表す場合は，日中両語ともその動作が時間軸の上で＜時点＞として現れる．

3.2　非限界動詞完成相（ル形）「Pト，Q」と"P，就Q"

変化を表す限界動詞は時間軸の上で＜時点＞を表しているが，非限界動詞の場合はそれができない．それは非限界動詞は，予め定まった終了限界がないので，例えば「歩く」の場合は，一歩歩いても，10km歩いても，「歩く」という運動は達成されたことになるからである．このような非限界動詞は，「外的限界設定」（金水（2000）．p32）によって，その動作の限界性を定めている（10km，1時間，1時から3時まで，東京・大阪間など）．（金水（2000）でいう「外的限界設定」を本論では略して＜限界設定＞と呼ぶことにする．以下同じ．）

（06）雪は二三枚読むと，なんと思ったか，ぱっと原稿を膝から払いのけた．

太宰治『断崖の錯覚』

（小雪剛翻了兩三頁，就突然想起了什么似的把稿子从膝盖上甩开了．）

＜図2＞

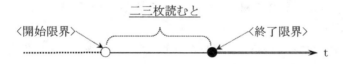

二三枚読むと

＜開始限界＞　　　　　　　　　　　　　　＜終了限界＞

t

（06）のように「読む」という非限界動詞の開始限界（読み始める）から終了限界（二三枚まで読み終わる）に達成するまでの時間は一瞬の＜時点＞ではなく，動作の過程を持つ＜時段（phase）＞である（図2）．P節動作が＜時段＞を表す場合は，中国語では"一P，就Q"形式で表すことができず，"P，就Q"形式で表す．

つまり，"一P，就Q"は＜限界設定＞修飾語を含むことが出来ない（邢福义（1993）参照）①．次の（07）は非限界動詞"走（歩く）"が動作の継続を表す場

---

① 原文："刚X，就Y"里，前项可以含有"不久，几天"之类时段补语，或"不远，几步"之类地段补语；而"刚一X，就Y"却同"一X，就Y"一样，对时段地段补语是排斥的．（邢福义（1993）．p260）

合の例である．即ち，（07cf）のように＜限界設定＞修飾語を含む非限界動詞は"一 P，就 Q"で表すと非文になる．

(07) a. 杏子一边低头行走，一边倾听自己的皮鞋声．她想，哪怕走到天涯海角也无所谓．这是一个溽暑蒸人的夜晚，走出五十多米就浑身渗出汗来．

林 少华 译《情系明天》

　　 cf. *这是一个溽暑蒸人的夜晚，一走出五十多米就浑身渗出汗来．

　　 b. 杏子は俯いて歩きながら、自分の靴音を聞いていた。どこまで歩いて行っても構わないと思う。むし暑い晩である。半町ほど歩くと全身が汗ばんだ。

井上 靖『あした来る人』

3.3　継続相（テイル形）「Pト，Q」と"正 P 时（候），Q"

　継続相テイル形は，「動詞から一定のやり方でその時間的構造の中から，特定の段階を取り出す（金水（2000）．p16）」が，取り出した段階が運動の過程の場合は＜動作の継続＞になり，終了後の状態の場合は＜結果の継続＞になる．

　但し，ト節におけるテイル形は「Pの最中にQ事態が現れた」という意味を表しており，＜動作の継続＞に限られていると考えられる（08a）．つまり，「P(非限界動詞)テイルト，Q」という形式に限られている．＜動作の継続＞ということは時間軸の上で＜時段＞を表すことである（図3）．中国語では（08b）のように＜動作の継続＞を「ている最中に」の意味の"正（在）……时（候）"で表す．

(08) a. 夕飯を食っていると，裏口から芳子が帰って来た．急いで走って来たと覚しく，ぜいぜい息を切っている．

田山花袋『布団』

　　 b. 正吃晚饭的时候，芳子从后门回来了．她气喘吁吁，象是急着跑回来的．
黄凤英 译《棉被》

　＜図3＞

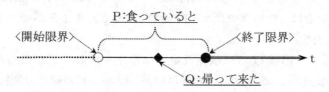

P:食っていると
＜開始限界＞　　　　　　　　＜終了限界＞
t
Q:帰って来た

　Pが限界動詞の場合は，動作終了後の状態である＜結果の継続＞を表すので，（08）とは事情が異なる．日本語には（09）のような動作（及び事態）の

連続を表す「P(限界動詞)テイルト，Q」といった表現が存在しないとされる．3.1でも述べたように「限界動詞＋テイル形」は動作・行為の＜結果の継続＞を表しており，動作(及び事態)の連続を表すことができない．但し，これはト形式には「P(限界動詞)テイルト，Q」といった用法がないということではない．つまり，(10)のように「(限界動詞)テイルト」形式はあるものの，条件的用法に限っている．これは本論の研究範囲を超えるのでこれ以上はふれないことにする．

(09)＊彼は部屋に入っていると，帽子を取った．

(10)お弁当に鳥の唐揚げが入っていると嬉しいな．

3.4　ト節における＜時点＞と＜時段＞のまとめ

P節における動作の＜時点・時段＞の相違から日中両語を次のようにまとめることができる．①ト節でのP動詞の完成相ル形は基本的に，限界動詞だと動作の＜時点＞を表すのに対して，非限界動詞だと動作の＜時段＞を表すことになる．その点，中国語では限界動詞だと＜時点＞を表す"一P，就Q"形式で表すのに対して，非限界動詞だと＜時点＞を表す"P，就Q"形式で表す．②ト節でのP動詞の継続相テイル形では，非限界動詞だと中国語で"正P時(候)，Q"で表し，限界動詞だと条件的用法になる．中国語で＜時点＞を表す有標形式"一"が存在する点は日本語①との最大の違いである．

以上の3節で述べたことを表にまとめると次のようになる．

＜表1＞

P節	＜　時　点　＞		＜　時　段　＞	
	P(ル)トQ	P(ル)トQ	P(テイル)トQ	P(テイル)トQ
日	限界動詞	非限界動詞 (＜限界設定＞有り)	非限界動詞	限界動詞 (条件的用法)
中	一P，就Q	P，就Q	正P時(候)，Q	——

4　ト節動詞の＜限界設定＞有無と"(一)P，就Q"

3節で取り上げたのは，従来の研究で動詞の完成相・継続相(ル・テイル)，限界・非限界性の立場からよく取り上げている典型的な三つのパターンで

---

① 工藤(1995)では，＜出来事の時間的現象化の個別・具体性の有無＞を「時間的限定性」とし，現代日本語には「時間的限定性」を表す形態論的表現手段は無いとされている(工藤(1995). p35参照).

あるが，もう少しいろいろ検証してみると実はP動作の＜時間的限定性＞はそれ以外にもまた存在するのである．本節ではそれ以外のパターンについて完成相（ル形）に限って詳しく議論していくことにする（テイル形は中国語の"（一）P，就Q"と関わりがないため，以下考察しない）．

4.1　＜限界設定＞無しの「P（非限界動詞）ト，Q」と"一P，就Q"

3.2でも述べたように，非限界動詞は予め定まった終了限界がないため，＜限界設定＞によってその動作の限界性を定めている．そのような＜限界設定＞修飾語を含むト節は，（07）のように"一P，就Q"で表すことができないとされてきた．しかし，非限界動詞であっても＜限界設定＞がないと"一P，就Q"で表すことができる（11）．

(11)　見るとすぐ分かる，聞くとすぐ理解できる．（一看就知道，一听就明白．）

これは，非限界動詞"看（見る）""听（聴く）"が＜時点＞を表す例である．①非限界動詞は，予め定まった終了限界がないため，一回チラッと見ても，ずっと何時間見続けても「見る（看）」という運動は達成されたことになる（図4）．

＜図4＞

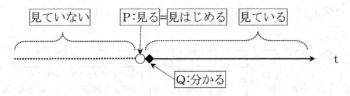

（11）の場合は，未だ「見てない」「聴いてない」状態から既に「見た/見ている」「聴いた/聴いている」状態への変化の瞬間として捉えている．それは「変化を捉えない非限界動詞のスル形は＜終了限界達成性＞を焦点化するのではなく，＜開始限界達成性＞を表している」（工藤（1995）．p87）からである．その点，図4からも分かるように動詞の完成相「見る」「聴く」は「見はじめる」

---

① 「見る，聞く」には知覚動詞としての用法があるが，知覚動詞としての時間的限定性は別の機会に論じたい．本論ではこれらの動詞の非限界動詞としての用法のみ考察範囲にする．例えば「読むとすぐ理解できる，調べるとすぐ分かる」の「読む／調べる」も非限界動詞であり＜図4＞と同じ解釈が可能である．

「聴きはじめる」といった動詞の＜開始限界達成①＞の＜時点＞を表すのであり，継続相「見ている」「聴いている」とは対照的である．

したがって，＜限界設定＞がない「P（非限界動詞）ト，Q」節は＜時点＞を表す．

4.2　＜限界設定＞有りの「P（限界動詞）ト，Q」と"P，就Q"

3.1でも述べたとおり(4)，(5)のように日本語では限界動詞P節が＜時点＞を表す場合は，中国語では"一P，就Q"形式を用いる．日本語では＜限界設定＞が限界動詞を修飾することができない(12a)．それは注1でも述べたように日本語は限界動詞のル形は＜終了限界達成性＞を焦点化するからである．つまり，(12a)の場合は「入る」という動作が終了し，その動作の目的が達成した＜時点＞を焦点化するので，＜時段＞修飾語と矛盾する．強いて＜時段＞修飾語を用いて表すのなら＜終了限界達成＞後の結果の状態を修飾する形で(12b)のように言う．

(12)a.？？彼は何分か部屋に入ると，帽子を取った．

　　　b.彼は部屋に入ってから何分かすると，帽子を取った．
　　　　　　　［P₁］　　　　　［P₂］　　　　　　［Q］

即ち，日本語には＜限界設定＞有りの「P（限界動詞）ト，Q」といった形式は存在せず，「入って(P₁)から何分かする(P₂)と，帽子を取った(Q)」のように「P₁テカラP₂ト，Q」で表す．この場合のト節は「P₂ト，Q」になるため，(12b)のような構文を以下「(P₁テカラ)P₂ト，Q」②と表記する．

しかし，この場合は中国語では次の(13)のようにそのまま"P，就Q"で表す．(13)は"开"というP動作が完成後，その動作の結果状態が何分か経った後，次のQ動作"出現了"が続いたことを表す．即ち"开门几分钟"が表す意

---

① 本論でいう非限界動詞の＜開始限界達成＞とは次ぎのようなことを指す．例えば「調べる」の場合，「調べはじめる」という動作の開始段階が＜達成＞及び＜完成＞し，「調べる」という動作の本段階が始まった＜時点＞を指す．

② 「(P₁テカラ)P₂ト，Q」におけるP₂は次の例(1)～(3)のように「する，経つ，歩く」など非限界動詞である．複文の構文からするとP₁ではなくP₂がト節の動詞であるため，厳密に言えばこの形式は本論の3.2の＜限界設定＞有りの非限界動詞の分類に入る(図2)と思うが，＜時間的限定性＞及び中国語の＜結果状態の継続＞からするとやはり本節(4.2)の分類に入るのが妥当だと考えられる．また，日本語のP₁と中国語のP₁は必ずしも一対一で対応するとはいえない．(1)「開店してから何分かすると…(刚开门几分钟，…)．」(2)「開店してから何分か経つと(刚开门几分钟，…)．」(3)「彼は校門を出てから何十歩か歩くと，自分が尾行されていることに気がついた(刚走出校门几十步，他就发现有人盯梢)．」

味は，瞬間動詞"开"という動作が何分か行われたかという意味ではなく，変化動詞"开"という動作が完了後の結果状態が何分か継続したかという＜時段＞を意味する．したがって，この場合は"一 P，就 Q"は使えない（13cf）．

(13)刚开门几分钟，柜台前就出现了一长队人．　　　　　　　　（邢福义1993）

（開店してほんの何分かすると，カウンター前は長い行列ができた．）

cf.＊一开门几分钟，柜台前就出现了一长队人．

＜図5＞

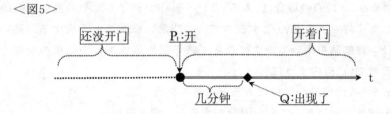

従って，中国語の(13)は，日本語の(12)のような「P₁テカラP₂ト，Q」といった形式を用いず，そのまま"P₁，就 Q"形式で表す．それは中国語では限界動詞が＜結果の継続＞を焦点化するからである．その点は「刘宇生(1985)では……（中略）……，V♭は「置く」という意味特徴をもっており，構造上，常に特定の場所と結び付けられるので，動作の終結した後，対象物が結果としてその場所に残留している。」(楊凱栄2001.P73)からである．

ここでいうV♭とは中国語での限界動詞のことであり，"开，关，搁，戴，挂，种……"など「動作の結果の継続」を表す動詞である．これらの動詞は次の(14)，(15)からも分かるように「行為が終了したのちに，その結果がなおも持続し続けているため，"了₁"と"着"のどれを用いても，意味的にはそう変わらないとみなされている」(楊凱栄2001.P72)．

(14) a.墙上挂了一张画.(壁に絵が一枚掛かっている．)　　　　（楊凱栄2001）

b.墙上挂着一张画.（壁に絵が一枚掛かっている．）

(15) a.院子里种了一棵树.(庭には木が一本植えてある．)　　　　（楊凱栄2001）

b.院子里种着一棵树.(庭には木が一本植えてある．)

以上の4.2の考察で日中両語の特徴の最大の違いは，日本語の限界動詞は＜終了限界達成性＞を焦点化するのに対して中国語の限界動詞は＜結果の継続＞を焦点化するということがわかった．そのため，日本語ではP_1動作が終了してからその結果の状態でQが起こったという意味での「（P_1テカラ）P_2ト，Q」形式で用いるのに対して，中国語ではP_1が＜結果の継続＞を焦点化するため，そのまま"P_1 ，就 Q"形式で表す．

4.3　まとめ

3節の＜表1＞に4節での考察を加えてP節における完成相（ル形）「Pト，Q」と"（一）P，就 Q"だけに限って再整理すると次の表2のようになる．

＜表2＞

P節完成相(ル形)	＜　時　点　＞ (＜限界設定＞無し)		＜　時　段　＞ (＜限界設定＞有り)	
動詞の 限界・非限界別	非限界動詞	限界動詞	非限界動詞	限界動詞
時間的限定性	開始限界 達成性	終了限界 達成性	動作の 継続	結果状態の 継続
中国語	一P，就Q		P，就Q	P　1，就Q
日本語	Pト，Q			(P　1　テカラ)P 2　ト，Q

すなわち，（A）＜限界設定＞無しのP節動作は＜時点＞を表す．そのうち①P節動詞が限界動詞だとP動作による状態の変化する瞬間（＜時点＞）に，すぐ次のQ動作が続くことを表す．②P節動詞が非限界動詞だとP動作が開始限界達成の瞬間（＜時点＞）に，すぐ次のQ動作が続くことを表す．

（B）＜限界設定＞有りのP節動作は＜時段＞を表す．そのうち，③P節動詞が限界動詞だとP_1動作による状態変化の結果が一定の時間継続（P_2）した後にQ動作が続くことを表す．中国語ではそのまま"P_1，就 Q"で表す．④P節動詞が非限界動詞だとP動作が一定の時間継続した後にQ動作が続くことを表す．

以上の四パターン（①～④）を図式に示すと下記の図6のようになる（上で述べた（A）（B），①～④はそれぞれ図6のものと対応する）．

＜図6＞

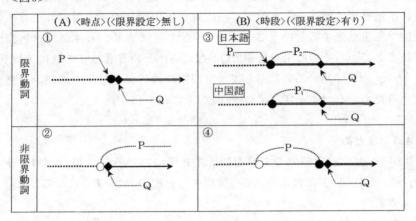

	(A) ＜時点＞（＜限界設定＞無し）	(B) ＜時段＞（＜限界設定＞有り）
限界動詞	①	③ 日本語 / 中国語
非限界動詞	②	④

5　終わりに

　本論では動作（及び事態）の連続における前後両動作の＜時間的限定性＞の立場からト形式を中心にそれに対応する中国語の形式と対照的考察を行った．その結果，前後両動作のうち，P節の動作の＜時間的限定性＞が決定的な役割をしていることが分かった．

　ト形式と“（一）P，就 Q”の最大の違いを次の2点に絞ることができる．

　まずは，＜時間的限定性＞からすると“一 P，就 Q”は日本語の「Pト，スグ Q」とほぼ一致する．中国語には＜時間的限定性＞を表す形態論的な表現形式“一”があるのに対して日本語にはそういった文法かされた形式がないといえる．但し日本語では「一旦…と，（すぐ）…」や「ひとたび…と，（すぐ）…」という表現もよくする．これらの形式での「一」という文字は＜時間的限定性＞からすると “一 P，就 Q”の“一”に近いものだと考えられる．

　次に，日中両語の限界動詞はそれぞれ焦点化する「動作の段階」が異なる．そのため＜限界設定＞有りの場合は，＜終了限界達成性＞を焦点化する日本語は「（P₁テカラ）P₂ト，Q」形式で，＜結果の継続＞を焦点化する中国語は「P₁，就 Q」形式で表すといった構文的違いが見られる．これは日中両語の動詞の体系の相違によるものであり，更なる考察が必要とするため今後の課題にしておきたい．

第6章
条件文の裏の意味と誘導推論

第1節 前提条件と必須条件

1 はじめに

　条件文は，前件が条件で後件が結論（結果）である．つまり条件というのは後件成立のための条件である．その後件成立の条件には二つ異なる条件がある．それは前提条件と必須条件である．前提条件とは後件成立のために十分である条件であり，必須条件とは後件成立のために欠かせない条件である．例を挙げて説明すると，（01）の場合犬であることは，シェパードになるための必須条件である．つまり犬でなければシェパードになれないからである．また，犬であることは，動物であるための前提条件である．つまり動物になるためには犬であることで十分であり，必ず犬でなければならないことはない．犬以外の猫，鼠でも構わないのである．

　（01）シェパードは犬であり，犬は動物である．
　　　　a.犬であることは，シェパードであるための必須条件
　　　　b.犬であることは，動物であるための前提条件

　条件文における前提条件とは，　与えられた条件を前提に当然な結果を表す条件文を指す．例えば犬であれば当然ながら動物である．また，条件文における必須条件とは後件成立のための欠かせない条件を表しており，前件が成立しないと後件が成立しないことを表す．例えばシェパードであるためにはまず犬でなければならない．

2 前提条件

　二つの事態間の論理関係を「後件成立の条件」として取り上げたものには，今仁（1993）がある．後件の成立を前提として，前件についての判断を行うことは，日常的によくあることである．その「後件成立の条件」を（02）の

ように二つに分けることができる.

（02）（条件文の）後件成立のための条件（今仁1993，p210）

　　　　A：qが成立するためには，とにかくpであればよい.

　　　　　（cf.洋子が来てくれさえすれば，パーティは成功だ.）

　　　　B：qが成立するためには，少なくともpである必要がある.

　　　　　（cf.洋子が来るのでないと，パーティは成功しない.）

　今仁（1993）でいう（02A）は，本論でいう前件が後件成立ための〈前提条件〉であり，（02B）は前件が後件成立のための〈必須条件〉である.

2.1　前提条件

（03）図：＜前提条件＞　　「pならばq」

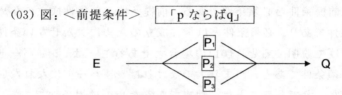

例を挙げて図式で示すと次のようになる.

（04）Aがリンゴであれば，Aは果物である.

　　　Aがバナナであれば，Aは果物である.

　　　Aがイチゴであれば，Aは果物である.

　　　cf.　Aがリンゴでなく，バナナであってもイチゴであってもAは果
　　　物になる.

（04'）

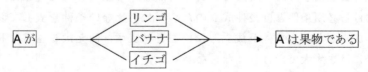

条件文「pならばq①」でpは条件節であり，条件の背景（前提）になる一方，qは主節であり，条件の焦点（帰結）になる．このように日本語の条件文「pならばq」は普通〈前提条件〉を表している．例えば，

(05)彼が小学生であれば，彼は未成年者である． （前提 p→焦点 q）

の場合，「彼は小学生であれば，当然彼は未成年である」という意味で，「彼は小学生である」という背景（＝前提条件）で当然ながら順当に「彼は未成年者である」という結論に至る（未成年者といって必ずしも小学生とは限らないが，トニカク小学生でサエあれば未成年者である）． つまり結論である「彼は未成年である」が〈焦点〉になるといえる．

このように，＜前提条件＞は次のような情報構造を持っている．

(06) 前提条件 ＝p 前提 →q 焦点
　　　　　　　 （条件） （結論）

3 必須条件

「日本語の主語では，はとがにより，背景と焦点の分布が表示される．しかし，条件文については，そうした情報構造を表示する便利な標識はない．したがって，これは語用論的に処理せざるを得ない．与えられた条件のもとでどんな結果が起こるか予想する推論もあれば，与えられた結果から遡及して原因を探る推論もある．この両方がたまたま同じ言語形式で表されても不思議ではない」（坂原1985，p116）としている．

3.1 必須条件

(07) 図：＜必須条件＞

E —— P₁ —— P₂ —— P₃ ⟶ Q

結論qに至るには，条件 P₁，P₂，P₃すべてをクリアしなければならない．どれ一つ欠けても成立しないことを表す．即ち，結論 qが成立するための

---

① 日本語の「pならば q」条件形式にはバ・タラ・トといった形式があるが，本発表では便宜上，その具体的な形式を取り上げないで，条件文一般のこととして「pならば q」で表記する．

必須条件である．このような必須条件構造は，普通結論qが前提で条件pが
焦点になる．「日本語の主語では，はとがにより，背景と焦点の分布が表示
される．しかし，条件文については，そうした情報構造を表示する便利な
標識はない」(坂原1985，p116)とされているが，実は前件pが焦点で後件qが
前提を表す形式は日本語には存在する．それは「pてコソq」，「pてハジメテ
q」形式である①．例を挙げて説明すると次のようになる．例えば(08)のよ
うに，大学に入学するためにはセンター試験と二次試験両方とも合格する
必要があることを表す．

　(08) センター試験と二次試験に合格してはじめて，大学に入学できる．

　　　　　　　　　　　　　　　　　　　　　　　　（p焦点←前提 q）

　(08’) 図：P_1＝センター試験，P_2＝二次試験

　　　　大学には──[センター試験]──[二次試験]──→[入学できる]

　＜必須条件＞のサブカテゴリとして＜最重要条件・唯一条件・最低条件＞
などがあるが，以下詳しく見ることにする．

3.2　最重要条件

(09) 図：＜最重要必須条件＞

　　　E──[P_2]──[P_1]──[P_3]──→Q

　結論qが成立するためには，条件P_1，P_2，P_3すべてをクリアしなければ
ならないが，最も重要である条件P_1をクリアすればなんとかなるという意
味を表す．即ち，＜最重要必須条件＞は，その条件が他の条件より最重要
であるという捉え方になる．そのため，その条件がいわば焦点化され，そ
の条件が成立するだけで，後件が成立するという意味合いを持つことに
なる．

　(10) 虎穴に入ってコソ虎児を獲る．

───────────

① 坂原(1985)で述べているように，確かに日本語の条件形式(バ・タラ・ト)には背景と焦点と
　いった条件文情報構造を表示する機能を持っていないが，まだ条件形式として研究されて
　いない「pてコソq」，「pてハジメテq」「p時ダケq」形式らは背景(本論では前提と呼ぶ)
　と焦点といった条件文情報構造を表示する機能を持っている．

E —— 虎穴に入る —— ワナを置く —— 虎児を獲る

　（10）では，虎児を獲るためには，いくつかの条件が必要だが，「虎穴に入る」ことが最も必要な条件であるということを意味する.

3.3　唯一条件

　（11）図：唯一条件

　　　E —— P →Q

　（11'）社会主義の場合ダケ中国の発展がある.　　　　　　（p焦点←q前提）

　取り立ての副助詞ダケは，「選択関係にある要素のうち取り立てられる要素は当該要素以外にはない」というある意味での限定（したがって他の考え得る要素の排除でもある）を表す（森山2000）. 即ち，〈唯一必須条件〉であるpさえクリアすれば当然（自然に）qになるという意味であり，〈唯一必須条件〉は会話の含意として〈前提条件〉を含意することになる.①
　（11"）a. 社会主義でありサエすれば中国の発展がある.　（p前提→q焦点）
　　　　　b. 社会主義であってコソ中国の発展がある.　　　（p焦点←q前提）

3.4　最低条件

　必須条件のサブカテゴリとして＜最低条件＞というのがある.
　日本語では条件文の中に現れる「サエ」を「最低条件のサエ（沼田2000）」と呼んでいる.
　「pならばq」条件文は，最低条件のサエと共起する場合の形式「pサエならばq」は，（12）のように「うまくいく」ためには「彼を仲間にする」ことが最低必要になっているという条件関係を表す.
　（12）彼さえ仲間にすれば，プロジェクトは成功する.
　（13）図：「p1サエならばq」

---

① 　その点，「ダケが条件節中にある場合，最低条件のサエとほぼ同義に解釈できる場合がある」（沼田2000,p182）と指摘している.（彼（ダケを/サエ）仲間にすれば,プロジェクトは成功する）

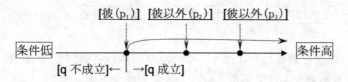

　(12)の例で説明すると，彼を仲間にすれば，きっとうまくいく．彼女若しくは貴方も仲間に入れば尚更いい（しかし，彼女と貴方は入らなくても構わないわけである）．つまり，＜最低条件＞を表す「pさえ（すれば）q」は後件qが成立するための最低クリアしなければならない条件を表す．つまり，qが成立するためには最低 p 以上の条件をクリアしなければならないということである．取立て詞サエによって取り立てられるpは文の焦点になる．

4　まとめ

　日本語の条件文は必須条件を表す標識（前提，焦点といった情報構造を表示する便利な標識）がないとされるが，本論の立場は，「てはじめて」「てコソ」「時ダケ」などの形式が必須条件を表しており，これらの形式と中国語を対照的に考察しようと思う．

　以上の本節で取り上げた前提条件・必須条件を表す形式をまとめると次の図のようになる．

（14）＜表＞

論理関係	言語形式
前　　提　　条　　件	p ならば q
必　　須　　条　　件	p てはじめて q
最重要条件	p てコソ q
唯一条件	p 時ダケ q
最低条件	p サエならば q

第2節　バ形式の期待性と必須条件

1　はじめに

　従来日本語のバ形式は，後件には行為者の利益になる内容もしくは社会通念にそった期待に合致する内容がくるのが一般的であり，（01）（02）のように後件に反期待的意味内容がくることが出来ないとされる．

　（01）？？　よそ見をしていれば，事故になりますよ．　　　　（反期待性）
　　　　cf.よそ見をしてい（ては/たら/ると），事故になりますよ．
　（02）？？　そんな暗い所で本を読めば目を悪くしますよ．（反期待性）
　　　　cf.そんな暗い所で本を（読んでは/読んだら/読むと）目を悪くしますよ．

　しかし，このようなバ形式の期待性には例外がある．例えば（03）（04）のように「当然」「当たり前だ」といった意味が含まれている文脈では，後件が反期待的内容であっても問題なく言えるとされる（蓮沼1987参照）．

　（03）よそ見をしていれば，当然事故になりますよ．
　（04）そんな暗い所で本を読めば，目が悪くなるのは当たり前だ．

　しかし，こうした二つの用法の相互関係をどう考えるのかは大きな問題である．そもそもバ形式の表す意味はどのようなもので，そこからこうした意味関係がどのように出てくるかが説明される必要がある．こうした観点からの研究は従来の研究では十分なものではなかったと思う．

2　従来の研究と問題点

2.1　バ形式の特徴：一般的非個別的条件と裏の意味

　客観的な継起を示すト形式，個別的・その都度的な状況を示すタラ形式と違って，バ形式は前件と後件の条件関係を表しており，その裏に「〜でなければ後件は起らない」ことを含むとされる（有田1993，p.236参照）．また，「恒常条件・一般条件などと呼ばれる表現に見られるような，条件の一般的

非個別的傾向が強い」（山口1969）表現形式である．即ち，日本語の条件形式の中で最も論理性がつよい条件を表しており，「pでなければqでない」という誘導推論が可能な形式である．しかしこのような従来の研究には次の二つの問題点がある．

問題点Ⅰ：期待性と反期待性の問題

小出ほか（1981）では，「ば」の基本的性格の中に，「S_2にはS_1の行為者の利益になる内容がくる」ことや，「S_1に行為者がない場合，S_2にはS_1から考えて，社会的通念に沿った期待に合致する内容がくる」ことを掲げている．これに対して蓮沼（1987）では（17）（18）がいえることからバ形式が「当然の関係」を表す場合は反期待的内容が可能だとした上で，バ形式は「当然の関係」を主張するような文脈で用いられることの派生として扱われるべきだと主張した．しかし，このような従来の研究での期待性・反期待性の問題は，①どうしてバ形式だけに期待性の問題が存在するのか，②どうして前件と後件が「当然の関係」を表す場合には反期待的内容が可能なのか，といった二点について明快な説明がなされていない．

問題点Ⅱ：誘導推論と関連性理論

条件文における誘導推論について，有田（1993）によれば「Akatsuka①は，a.直説法反事実的条件文と接続法反事実的条件文の間の意味の違い．b. if節が副詞節であるから，真理関数的解釈のように，前件と後件を対等に扱うのは不適切である．c.誘導推論を引き出す場合と引き出さない場合がある．以上の3点から真理的アプローチを否定し，その代わりに，前件と後件の関連性や，話し手の心的態度，コンテクストによって条件文の意味が決まることを主張する」（有田1993, p.265）という．

---

① 　直説法反事実的条件文：（スイスの田舎町でローマ法王が電話交換手に）法王：私は法王だが．交換手：貴方が法王なら，私は中国の女帝だわ．
　　間接法反事実的条件文：（自動車事故で死んだ息子の葬式で）母親：私があの子に車のキーさえ渡さなかったら，…父親：自分を責めるんじゃない．
　　前件と後件の関連性：芝生を刈ったら，（御褒美として）5ドルをあげるよ．
　　Akatsukaは「御褒美として」を前件と後件の関連性として捉えられているが，坂原説からすると「御褒美として」を条件文の「暗黙の前提」として解釈することも可能である．

　真理的アプローチ①といえば，当然誘導推論が問題になるが，誘導推論を引き出す場合と引き出さない場合の違いは，そもそも条件文の論理構造の違いによるものである．即ち，「与えられた条件から結果を予想する推論」は誘導推論を引き出せないのに対して，「与えられた結果から遡及して原因を探る推論」は誘導推論を引き出す．

　以上のような二点が従来争点になっている根本的な原因は，誘導推論を引き出す推論と引き出さない推論，という二つの異なる意味を表す形式が日本語ではたまたま同じ言語形式になっているからだと思われる．このような争点は他の言語でも必ず問題になるとは限らない．例えば，中国語では誘導推論を引き出す"只有……才"と誘導推論を引き出さない"只要……就"にはっきり分かれているのでこのような議論はまず起こらない②．

　日本語の条件形式③バ・ト・タラは基本的に前提条件を表しており，誘導推論を普通引き出さない．但し，バ形式には「～でなければ後件は起らない」といった裏の意味を持っており，誘導推論を無視してバ形式の意味を語ることはできない．

2.2　問題解決の方法：必須条件と前提条件の区別

　確かに真偽値理論から条件文を解釈するには限界があるように思われる．かといって，前件と後件の論理関係そのものを否定することはできない．本論では後件成立のための条件という視点からこの問題を解釈してい

---

① 真理的といえば，論理的真理を指すが，「論理的真理とは，論理語の働きだけによって真であることが保証されるような命題である」（丹治，1999，p.1）ことをいう．「論理的であるということは，ある前提が与えられた時に，その前提だけから結論を導き出すということ」（菅原1991，p.3）であり，物事を「論理的に考えるということは，前提と結論を区別して文を読むことができるということにほぼ等しい」（齋藤・中村，1999，p.i）ことになる．因みに菅原(1991)，齋藤・中村(1999)などでいう「前提・結論」は本論でいう「前件・後件」にあたると考えられる．但し，菅原(1991)，齋藤・中村(1999)などでいう「前提・結論」はあくまで論理言語での用語であり，本論でいう＜前提条件・必須条件＞はあくまで文法論的解釈からの用語であることを付け加えたい．従って，論理言語でいう「前提・結論」と本論でいう＜前提条件・必須条件＞は意味的・論理的に重なるところがあるかもしれないが，両者が立場が違うことを付け加えておきたい．

② 中国語では会話の含意を考慮に入れない限り，両者は基本的に置き換えができない．置き換えが可能な場合であっても表す意味は異なるとされる．詳しくは，徐阳春(2002，pp.63～81)参照．

③ 日本語の条件形式にはバ・ト・タラ・ナラなどがあるが，ナラ形式は従来C段階（判断レベル）に属するものとして別扱いをされてきた．本論でもナラ形式以外のバ・ト・タラに限って論じることにする．

きたいと思う．本論でいう「後件成立のための条件」とは，後件成立のために前件がどのような役割をしているか，後件成立に欠かせない条件（必須条件）なのか，それとも後件成立に前置きの条件（前提条件）になるのかということを指す．

「与えられた結果から遡及して成立条件を探る推論」は，後件成立のための＜必須条件＞であるのに対して，「与えられた（前提）条件から結果を予想する推論」は，前件成立に伴う当然な結果（結論）を表す＜前提条件＞である．この両者は対偶的な情報構造をもっており，これらを区別することによって，バ形式の反期待性の問題（問題点Ⅰ）を解決できる同時に，誘導推論の問題（問題点Ⅱ）を説明できる．

3 前提条件と必須条件

背景と焦点の分布を表す標識がないとされる日本語の条件文では，同じ文であっても＜前提条件＞読みと＜必須条件＞読みどちらも可能な場合が多い．日本語の条件文の前節は，普通単なる前提条件を表すだけで，必須条件を表していない．次の（05）のように，花が咲くためには，春になることで十分だが，必ずしもその必要はない．例えば温室の花であれば冬であっても花が咲くのである（05a）．

(05) 春になれば，花が咲く．

    a. 春になれば，（当然）花が咲く． ＜前提条件＞読み

    b. 春になれば，花が咲く（けど，春にならないと花が咲かない）

                                ＜必須条件＞読み

しかし，同じ（05）であっても（05b）のような文脈では，春になることが花が咲くための＜必須条件＞になる．以下＜前提条件＞読みと＜必須条件＞読みの視点の違いについて考察する．

＜前提条件＞とは，ある物事が成り立つための，前置きとなる条件を指す．論理学では推論において結論が導き出される根拠となる判断を指すが，これはあくまで条件文の条件節になる前件に対する定義であり，本論では，＜前提条件＞を表す条件文を次のように定義する．「＜前提条件＞表

示文①とは，与えられた条件から結果を予想するといった前件成立に伴う当然の結果（結論）を表す条件文である．」＜前提条件＞表示文は，前件成立に伴う当然たる結果（結論）を表すため，「とにかく」「当然」「当たり前だ」という語と共起できる（06）．また，このような＜前提条件＞読みでは普通（07）のような誘導推論ができない．

更に，＜前提条件＞表示文は，与えられた条件から結果を予想する推論もしくは前件成立に伴う当然たる結果（結論）を表す文なので後件に疑問詞がくるが，前件には疑問詞が現れにくい．

（06）a.春になれば，当然花が咲く．/b.とにかく春になれば，花が咲く．

（07）# 春にならないと，花が咲かない．

（08）a.こうすると，どうなりますか？/b.＊どうすると，こうなりますか？

しかし，＜前提条件＞と違って与えられた結果から遡及して成立条件を探る条件文もある．それは＜必須条件＞である．本論では，＜必須条件＞を表す条件文を次のように定義する．「与えられた結果からその結果をもたらすに欠かせない条件，即ち前件が成立しないと後件が成立しないといった意味を表す条件文を＜必須条件＞表示文とする．」＜必須条件＞とは，後件成立のために欠かせない条件であり，＜必須条件＞読みの場合（21）のように「選挙に参加する」ためには「20歳になる」必要があることを表す．このような＜必須条件＞は，前件成立から当然の結果（もしくは結論）を導き出す＜前提条件＞とは本質的に違うものである．＜前提条件＞読みの場合，「20歳になる」という前件成立が，必ずしも当然の結果（もしくは結論）として「選挙権が与えられる」ことだけを導き出すとは限らない．

（09）（「何歳から選挙に参加できますか？」の質問に対する答えとして）20歳になれば，選挙に参加できます．

（10）（「20歳になると何ができますか？」の質問に対する答えとして）

20歳になる
選挙権が与えられる．
成人と認められる．
喫煙・飲酒が認められる．

---

① 本論では，＜前提条件＞を表す条件文を「＜前提条件＞表示文」，＜必須条件＞を表す条件文を「＜必須条件＞表示文」と呼ぶことにする．

　後件成立のための条件（前件）に焦点がある＜必須条件＞表示文は，普通「てコソ/てはじめて」などの語と置き換えが可能である．

(11) 20歳になってコソ，タバコを吸うことができる．

(12) 彼を仲間にしてはじめて，プロジェクトは成功する．

　また，＜必須条件＞は後件成立のための必須条件を表すため，当然ながら，その必須条件が成立しないと後件が成立しないことを意味する．従って，＜必須条件＞表示文は誘導推論を引き出すことになる(13, 14)．

　更に，＜必須条件＞表示文は，与えられた結果から遡及してそれに必要な条件を探るため，前件に疑問詞がくることができるが，後件には現れにくい．

(13) 20歳にならないとタバコは吸えない．　　　　　　　　　　　（誘導推論）

(14) 彼を仲間にしないと，プロジェクトは成功しない．　　　　　（誘導推論）

(15) どうすればこうなりますか？/cf. ??こうすれば，どうなりますか？

　以上のような＜前提条件＞＜必須条件＞表示文①の文法的特徴をまとめると次のようになる．

＜前提条件＞表示文

(16) 定義：与えられた条件から結果（結論）を引き出す，前件成立に伴う
　　　　　当然の結果を表す条件文．

(17) 特徴

A_1:「とにかく」「当然」「当たり前だ」という語と共起できる．

A_2:誘導推論ができない（或は必ず誘導推論が可能とは限らない）．

A_3:後件に疑問詞がくるが，前件には疑問詞が現れにくい．

＜必須条件＞表示文

(18) 定義：与えられた結果から遡及して成立条件を探る，後件成立のための条件を表す条件文．

---

①　条件文とは普通平叙文での条件文を指すが，疑問詞疑問文はまだ完全な条件文とはいえないものの，本論では条件文における疑問文・平叙文を区別せず，暫定的に＜前提条件＞＜必須条件＞表示文と呼ぶことにする．

（19）特徴

B_1：「てコソ／てはじめて」などの語と置き換えが可能である．

B_2：誘導推論が可能である．

B_3：前件に疑問詞がくるが，後件には疑問詞が現れにくい．

4　バ・ト・タラ形式と前提条件・必須条件

上で考察した（17）（19）をもとに，＜必須条件＞・＜前提条件＞という観点からバ・ト・タラ形式の用法について検討してみたい．

4.1　＜必須条件＞を表すバ形式

一言でいうと，①裏の意味（誘導推論）を持っていること，②疑問詞が前件にしか現れないこと，この二つの文法的特徴は，バ形式が＜必須条件＞を表す場合が多いこと，もしくは＜必須条件＞読みになる場合が多いことを意味する．以下その点について詳しく見ていくことにする．

恒常条件・一般条件などと呼ばれるバ形式は，条件の一般的非個別的傾向が強く，「〜でなければ後件は起らない」といった裏の意味を持っているとされるが，これは＜必須条件＞表示文が持っている特徴そのものであると言える．

B_1：「てコソ／てハジメテ」などの語と置き換えが可能である．

（20）二十歳になれ<u>ば</u>タバコが吸える．

　　　cf.　二十歳になっ<u>てはじめて</u>タバコが吸える．

（21）彼を仲間にすれ<u>ば</u>，プロジェクトは成功する．

　　　cf.　彼を仲間にし<u>てこそ</u>，プロジェクトは成功する．

　　　B_2：誘導推論が可能である．

（22）二十歳になら<u>ないと</u>タバコは吸え<u>ない</u>．

（23）彼を仲間にし<u>ないと</u>，プロジェクトは成功し<u>ない</u>．

　　　B_3：前件に疑問詞がくるが，後件には疑問詞が現れにくい．

（24）<u>どう</u>すればこうなりますか？

　　　cf.　??こうすれば，<u>どう</u>なりますか？

（25）<u>何時</u>にバスに乗れば，7時につきますか？

　　　cf.　??7時にバスに乗れば，<u>何時</u>に着きますか？

このように，後件成立のための＜必須条件＞を表すバ形式は，「前件が成

立してハジメテ後件が成立する（B₁）」という意味，即ち「前件が成立しナイ
と後件が成立しナイ（B₂）」といった後件成立のための＜必須条件＞読みに
なる傾向が強い形式である．そのため「（後件成立のために）ドウすればいい
のか（B₃）」といった疑問形を用いることが可能である．

　このようなバ形式は前接する述語形態がテンスの分化がないだけでな
く，完全たる述語形態をもっていない「事態命名レベル」（益岡1993b）に属す
るものであり，「二つの事態を結び付ける関連性は，その原形において，一
方の事態が先にあって，もう一方の事態が時間の流れに沿ってそれに付随
するという，時間的共起性に過ぎない」（ヤコブセン1990，p107）といった条
件文一般の特徴とは少し異なるものである．

4.2　前提条件を表すト形式

　ト形式は普通前件成立に伴う当然の結果といった＜前提条件＞読みにな
る場合が多い．一方の事態が先にあって，もう一方の事態が時間の流れに
そってそれに付随するという，時間的共起性が特徴的であるト形式は，動
作の連続を表す表現に良く見られるが，一般的・恒常的条件を表す場合で
も，同じく前件成立に伴う当然の結果を表す＜前提条件＞読みが可能で
ある．

　A₁：「とにかく」「当然」「当たり前だ」という語と共起できる

（26）このボタンを押すと，ドアが開く．

　　　cf. とにかくこのボタンを押すと，ドアが開く．

（27）飛行機代が安くなると，利用する人が増えるに違いない．

　　　cf. 飛行機代が安くなると，当然利用する人が増えるに違いない．

　　　A₂：誘導推論を引起さない（もしくは必ず誘導推論を引起こすとは
　　　　　限らない）

（28）このボタンを押すと，ドアが開く．

　　　cf. ＃このボタンを押さないと，ドアが開かない．

（29）飛行機代が安くなると，利用する人が増えるに違いない．

　　　cf. ＃飛行機代が安くならないと，利用する人が増えないに違い
　　　ない．

　　　A₃：後件に疑問詞がくるが，前件には疑問詞が現れにくい．

（30）こうすると，どうなりますか？

　　　cf. ＊どうすると，こうなりますか？

（31）7時にバスに乗ると，何時に着きますか？

　　　cf．*何時にバスに乗ると，7時につきますか？

　このように，ト形式は前件成立に伴う当然たる結果といった＜前提条件＞読みになる傾向が強く，（30cf）（31cf）のように前件に疑問詞を用いることができず，普通＜必須条件＞読みができない①．従って，（33）のような＜必須条件＞読みになるバ形式と（32）のような＜前提条件＞読みになるト形式は異なる解釈になる．

（32）学校に行くと，図書館に寄ります．

　　　（解釈：学校に行くと，当然ながら図書館に寄ります）

（33）学校に行けば，図書館に寄ります．

　　　（解釈：学校に行けば図書館に寄ることもあるが，学校に行かないと図書館には寄らない）

4.3　タラ形式

　タラ形式も基本的に＜前提条件＞を表す形式である．タラは，「事柄が起ってしまった場合を想定して，若しくは既に生起した状態において，主題の人間や事物に起った事柄や，その想定に対する話し手の立場・意見を叙述する」（森田1967）であるとされる．即ち，タラ形式も＜前提条件＞表示文の特徴を備えている．

　　A$_1$：「とにかく」「当然」「当たり前だ」という語と共起できる

（34）歌詞がつまらなかったら，流行らないよ．

　　　cf.歌詞がつまらなかったら，当然流行らないよ．

　　A$_2$：誘導推論ができない（もしくは誘導推論を引起しにくい）

（35）大人になったら，パイロットになりたい．

　　　cf．*大人にならなかったら，パイロットになりたくない．

　　A$_3$＋B$_3$：前件と後件，どちらも疑問詞がくることが可能である．

（36）a．どうしたら，彼女ができるのですか？

　　　b．彼氏がホストやっていたら，どうします？

---

① ト形式も＜必須条件＞読みになる場合がないとは限らない．例：「一体どんな暮らし方をしていると，こんなに散らかった部屋になるのだろうか？」．

　タラ形式は＜前提条件＞表示文の特徴，A_1, A_2, A_3を備えているが，前件成立に伴う当然たる結論といっても客観的に導かれる結論を述べるト形式と違って，タラ形式は当然の結論への話し手の立場・意見を表す形式である．但し，タラ形式はバ形式やト形式と違って(36)のように前件と後件どちらも疑問詞が現れるし，＜必須条件＞読みも可能である．

　以上のことから，ト形式は＜前提条件＞読みの傾向が強く，バ形式は＜必須条件＞読みの傾向が強いのに対して，タラ形式はその中間的な位置にあると考えられる．

　(37) 図

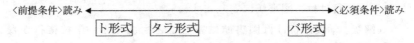

　＜前提条件＞読み ◀━━━━━━━━━━━━━━━━━▶＜必須条件＞読み

　　　　　　　ト形式　　　タラ形式　　　　　　　バ形式

5　バ形式の従来の研究での問題点と本論の立場

5.1　誘導推論を引起さないバ形式（問題点Ⅱ）

　裏の意味を持っているということがバ形式だけの特徴だということは，バ形式が＜必須条件＞読みの傾向が強いことを裏付ける証拠にもなる．かといってバ形式は＜前提条件＞読みができないわけではない．構文論的には複文はあくまで前件（従属節）が副詞節であり，後件が主節になる．つまり，前件が前提になり後件が結論といった＜前提条件＞読みの構造を持っている．このように「条件文は一般的には前件の限定をうけた後件の断定である」（坂原1985, p.114）とされる．

　実際，バ形式が＜前提条件＞読みになる場合は少なくない．次のような予想を表す表現は＜前提条件＞読みになる場合である．

　(38) 交通事故が起これば，渋滞が発生するに違いない．

　(39) 春になれば，もう少し暖かくなるだろう．

　また，論理関係を表す文であっても，次のような質問に対する答えは「20才になる」ことが＜前提条件＞にしかならない．＜必須条件＞読みになる(40cf)とは明らかに異なる意味を表す．

　(40)（「20才になると何ができますか？」という質問に対する答えとして）

20才になれば選挙に参加できます.　　　　　　　　＜前提条件＞

cf.♯20才に(なってこそ/なってはじめて)選挙に参加できます.

　　　　　　　　　　　　　　　　　　　　　　　　＜必須条件＞

　このように,裏の意味を持っているとされるバ形式は,あくまで＜必須条件＞読みの場合だけが裏の意味を持っており,誘導推論が可能になるが,＜前提条件＞読みの場合は裏の意味を持っておらず,誘導推論もできないのである①.その点,冒頭でも触れたように,坂原氏は「日本語の主語では,はとがにより,背景と焦点の分布が表示される.しかし,条件文については,そうした情報構造を表示する便利な標識はない.したがって,語用論的に処理せざるを得ない.与えられた条件のもとでどんな結果が起こるか予想する推論もあれば,与えられた結果から遡及して原因を探る推論もある.この両方がたまたま同じ言語形式で表されても不思議ではない」(坂原1985, p.116)としている.真理言語における誘導推論の問題と条件文における関連性理論との関係は更なる考察が必要であり,今後の課題にしておきたいが,本論でいう＜前提条件・必須条件＞はこれらの問題の解決のための手がかりの一つになるといえるかもしれない.

5.2　期待性と反期待性(問題点Ⅰ)

　一言でいうと,バ形式の＜必須条件＞読みの場合には「後件成立のための欠かせない条件をクリアして始めて後件の成立が可能になる」といった「後件成立への期待の存在」があるので反期待的内容を表せないといえよう.既述のように従来の研究では,バ形式の後件が「反期待性」の意味内容を持つことが出来ないとされている(小出 他1981など).

(41) この薬を飲めば気分がよくなります.

(42) a.*よそ見をしていれば,事故になりますよ.

　　　b.ここで待っていれば,バスがきますよ.

(43) *そんな暗い所で本を読めば目を悪くしますよ.

　　　cf.そんな暗い所で本を(読んでは/読んだら/読むと)目を悪くしますよ.

---

①　バ形式を含めて条件形式すべて必ずしも常に＜前提条件＞か＜必須条件＞かの二分法が可能だとは限らない.次の例は,＜前提条件＞か＜必須条件＞かの区別がはっきりしない例である.例: 55番からジェフェリー行きに乗れば,30分でダウンタウンに着ける.
　　cf.♯55番からジェフェリー行きに乗らないと,30分でダウンタウンに着けない.

　このように，Inoue(1979)で問題提起された，「ば」が期待・反期待にどのように関わるのか，という点について有田(1993)では，「蓮沼(1987)において，『ば』が『当然の関係』を主張するような文脈で用いられることの派生として扱われるべきであることが確認された」(有田1993，p254)としているが，これはバ形式がそのような特性をもつということを主張するだけで，他の条件表現との一般的関係の中で位置づけられた議論とは必ずしもいえない．

　本論ではこの問題について，バ形式の＜必須条件＞読みと＜可能文＞①との関わりから分析してみる．次の(44)はどうして後件に，前件から考えて社会通念にそった期待に合致する内容がくるのだろうか．それは後件成立のための＜必須条件＞を表すといったバ形式の特徴によるものだといえるだろう．それは「風邪が治る」ためには「この薬を飲む<u>必要がある(べきだ)</u>」といった必須条件を表すからである．「後件成立のための必須条件」というのは，話し手が後件成立を期待しているに違いない．このような話し手の期待性は実は可能文とも関わりがある．期待性を表すバ形式は実は可能文になっている場合が多い(45，46)．

　(44) この薬を飲めば，風邪が<u>治ります</u>．

　(45) この煎餅はゆっくり噛めば<u>食べられる</u>．　　　　　　(状況可能)

　(46) この鍋で料理すれば，ガス代が月々2000円<u>節約できる</u>．　(状況可能)

　日本語では，可能形式だけでなく，次の(47)(48)のように「動詞終止形のままで，すなわち出来文把握という手段をとらないで，可能の意味を表していると読むことができる」(尾上1998b，p.93)．

　(47) この車は，うまく運転すれば1リットルで20ｋｍも<u>走る</u>．

　　　　　　　　　　　　　　　　　　　　　　　　　　　(無標の可能文)

　(48) この樽には(きれいに詰めば)大根20本が<u>はいる</u>．　　(無標の可能文)

　これは，「様々な述語形式の差を超えて，われわれがそこに可能の意味を

---

①　可能文には，潜在可能・実現可能，能力可能・状況可能などの分類があるが，期待性を持つバ形式は状況可能の文になる場合が多い．それは，主体外部の条件による可能・不可能を表すといった状況可能の特徴に起因するものだと考えられる．

読みとる場合とは,『動作主がその行為をしようという意図を持った場合に
その行為が実現するだけの許容性,萌芽がその状況の中に存在する』という
意味を感じとっている場合」(尾上1998b,p.93)に起因するものだと考えら
れる.即ち(広義)可能文には「事態の成就への期待の存在」(尾上1999)があ
るとされる.「事態の成就への期待の存在」という立場からすると,＜必須
条件＞①を表すバ形式も同様の解釈が可能である.バ形式が表す＜必須条
件＞は,後件成立のための必須条件であるから,「後件成立への期待の存
在」があると言える.言い換えると,後件成立を目指しているから,それに
必要な条件を求めることができる.即ち,＜必須条件＞とは,後件成立の
ための欠かせない条件(前件)を指す.従って,「後件成立のための欠かせな
い条件をクリアして始めて後件の成立が可能になる」といった可能文的な意
味合いを持つことになり,後件には反期待的な内容が現れない.②

(49) ＊よそ見をしていれば,事故になりますよ.

(50) ＊そんな暗い所で本を読めば,目を悪くしますよ.

(49)(50)は話し手が「事故になる」,「目が悪くなる」ことを期待すれば話
は別だけれども,普通「行為者の利益になる内容もしくは社会通念にそった
期待に合致する内容」とは考えられない.かといって,バ形式の後件には必
ずしも期待的な内容であるとは限らない.例えば,次のような文脈では,
反期待的内容であっても問題なく言える.

(51) よそ見をしていれば,<u>当然</u>事故になりますよ.

　　cf.よそ見をしていたら,当然事故になりますよ.

(52) そんな暗い所で本を読めば,目が悪くなるのは<u>当たり前だ</u>.

　　cf.そんな暗い所で本を読むと,目が悪くなるのは当たり前だ.

---

① バ形式以外の＜必須条件＞を表す形式「てコソ／てハジメテ」も後件に反期待的内容が来な
いことからも分かるように,そもそも＜必須条件＞という論理構造が期待性と深く関わり
があるといえる.例:??よそ見をしてこそ事故になりますよ/??そんな暗い所で本を読ん
ではじめて目が悪くなる.

② その点,可能文もバ形式と同様,後件に反期待的な内容が現れにくい.反期待的な内容を
表す場合,可能形ではなく「～てしまう」形を使う場合が多い.可能文の例:＊そんな暗い
所で本を読めば,目を悪くされますよ./cf.そんな暗い所で本を読めば,目を悪くしてし
まいますよ.

　(51)(52)は「当然」「当たり前だ」などの語と共起することからも分かるように，前件成立に伴う当然たる結果を表す＜単なる前提条件＞を表す文である．即ち，これらの文は，バ形式の基本的意味を表す＜必須条件＞ではなく，ト・タラ形式と同様＜前提条件＞を表すものである．そのため，ト・タラ形式と置き換えてもその意味は変わらないと言える(51cf)(52cf)．

6　まとめと今後の課題

　本論での考察で分かったことは，日本語の条件文には＜前提条件＞＜必須条件＞を表示する便利な標識がなく，必ずしも＜前提条件＞と＜必須条件＞の二分法が可能とは限らない．つまり，ト・タラ・バ形式は＜前提条件＞と＜必須条件＞どちらも表すことが可能であるが，ト形式は＜前提条件＞読みの傾向が強く，バ形式は＜必須条件＞読みの傾向が強いといえる．

　バ形式自体が期待性を持っているのではなく，バ形式が持っている＜必須条件＞という論理構造そのものが期待性と関わりがあるように思われる．このように，バ形式の特性としてアプリオリに期待性があるとみるのではなく，条件の論理関係から説明することで例外と見られることや反期待性を有しない他の形式の意味も分析できるのである．バ形式に限って纏めると次のようになる．

　①日本語の条件形式の前件は，基本的に＜前提条件＞を表しているのに対して，バ形式の前件は，後件成立のための＜必須条件＞として解釈される場合がおおく，その条件をクリアして始めて後件が成立するという意味で「後件成立への期待の存在」がある．そのため後件には，反期待的な内容が現れない．

　②バ形式が＜前提条件＞読みになる場合はト・タラ形式と同様，「前件成立に伴う当然たる結果（結論）」を表しており，反期待的内容も表し得る．

　③（バ形式以外のト・タラ形式も含めて）条件文では必ず＜前提条件＞＜必須条件＞の二分法が可能とは限らないものの，＜必須条件＞読みの場合，前件をクリアしないと後件が成立しないとの意味で誘導推論を引き起こせるのに対して，＜前提条件＞読みの場合はそのような意味合いを持っておらず誘導推論を引き起こさない．

　今後の課題として，平叙文と疑問文での＜必須条件＞＜前提条件＞の捉え方にはずれがあるように思われるがこのような問題は今後の課題にしておきたい．

　また，日本語と違って，中国語では＜必須条件(只要 p, 就 q)＞と＜前提条件(只有 p, 才 q)＞の形式上の区別は明確である．日本語の条件文にはそうした標識はないが，構文上のその他の要素によってこうした論理関係が表されると共にバ・ト・タラといった形式に間接的・部分的に反映されている．このような日中両語の対照的研究を次節で考察したいと思う．

第7章
必須条件における日中対照

第1節　条件文の誘導推論をめぐる日中対照

1　はじめに

　日本語の条件文には，与えられた条件から結果を引き出す推論と，与えられた結果から遡及して成立条件を探る推論の2種類の情報構造を表し分ける便利な標識はなく，この両方がたまたま同じ言語形式で表されても不思議ではないとされる（詳しくは坂原1985, p.116参照）．その点，前節では，与えられた条件から結果を引き出す文を＜前提条件＞表示文，与えられた結果から遡及して成立条件を探る文を＜必須条件＞表示文とした．日本語の「条件文は一般的には前件の限定をうけた後件の断定である」（坂原1985, p.114）とされる．即ち，＜前提条件＞を表す場合が普通だと言える．

　例えば，(01)は普通(01a)のように＜前提条件＞読みになる場合が多いが，場合によっては(01b)のように＜必須条件＞読みになる時もある．

　(01) 二十になればタバコが吸える．

　　　　a.二十になれば，当然ながらタバコが吸える．　　（前提条件読み）

　　　　b.二十になってこそ，タバコが吸える．　　　　　（必須条件読み）

前提条件読みの場合，(01' a)のように誘導推論ができないのに対して，必須条件読みの場合は，(01' b)のように誘導推論が可能である．

　(01') a.？二十にならないと，タバコは吸えない．　　　　（誘導推論）

　　　　b. 二十にならないと，タバコは吸えない．　　　　　（誘導推論）

　その一方中国語では＜前提条件＞と＜必須条件＞はそれぞれ別の形式で表す．＜前提条件＞は"p, 就 q"で，＜必須条件＞は"p, オ q"で表す．

　(02) a.到了二十岁就能抽烟.（二十になれば，当然ながらタバコは吸

える．）
　　　b. 到了二十岁才能抽烟.（二十になってこそ，タバコは吸える．）
　また，日本語には次のように＜必須条件＞読みにしかならない例もある
が，その場合中国語では"p,就 q"を使えず"p,才 q"でしか表せない．
　（03）どうすれば，日中関係を改善できるのか？
　　　a. 怎样才能改善中日关系?
　　　b. ?怎样就能改善中日关系!

　本論では，このような〈前提条件〉〈必須条件〉といった条件関係におけ
る日中両語の不一致の関係を中心に対照的考察を行う．

2　従来の研究と本論の立場

　従来の条件文の研究では，条件関係について前提条件・必須条件より誘導
推論を問題にしていた．誘導推論といえばもちろん真理関数的アプローチ
が必要だが「Akatsukaは，真理関数的アプローチを否定し，その代わりに，
前件と後件の関連性や，話し手の心的態度，コンテクストによって条件文
の意味が決まる」（有田1993．p265）としている．近い立場をとるものに，ヤ
コブセン（1990）がある．「二つの事態を結び付ける関連性は，その原形にお
いて，一方の事態が先にあって，もう一方の事態が時間の流れにそってそ
れに付随するという，時間的共起性に過ぎないということである．従っ
て，事態が時間と並行して，どう展開していくかを論理的に規定するのが
不可能であると同様に，条件文における関連性を理論的に規定することも
できない」（ヤコブセン1990．p107）とされている．
　その一方，二つの事態間の論理関係を＜前提条件＞＜必須条件＞の立場
から議論した研究は坂原（1985），今仁（1993）がある．
　坂原氏は「日本語の主語では，はとがにより，背景と焦点の分布が表示さ
れる．しかし，条件文については，そうした情報構造を表示する便利な標
識はない．したがって，語用論的に処理せざるを得ない．与えられた条件
のもとでどんな結果が起こるか予想する推論もあれば，与えられた結果か
ら遡及して原因を探る推論もある．この両方がたまたま同じ言語形式で表
されても不思議ではない」（坂原1985，p.116）としている．
　今仁（1993）では，後件の成立を前提として，前件についての判断を行う

ことは，日常的によくあることで，その「後件成立の条件」を（04）のように
二つに分けている．

（04）（条件文の）後件成立のための条件（今仁1993，p210）

　　　　A　qが成立するためには，とにかくpであればよい．

　　　　（cf. 洋子が来てくれさえすれば，パーティは成功だ.）

　　　　B　qが成立するためには，少なくともpである必要がある．

　　　　（cf. 洋子が来るのでないと，パーティは成功しない.）

　　本論でいう＜前提条件・必須条件＞からすると（04A）は，前件が後件成
立ための＜前提条件＞になる一方，（04B）は前件が後件成立ための＜必須
条件＞になる．＜前提条件＞＜必須条件＞に関しては，前節では次のよう
に定義した．

（05）＜前提条件＞の定義：与えられた条件から結果を引き出す，前件成
　　　　立に伴う当然の結果を表す条件文．

（05'）＜前提条件＞表示文の特徴：

　　　　A_1:「とにかく」「当然」「当たり前だ」という語と共起できる．

　　　　A_2:誘導推論を引起さない（もしくは必ず誘導推論を引き起こす
　　　　とは限らない）．

　　　　A_3:後件に疑問詞がくるが，前件には疑問詞が現れにくい．

（06）＜必須条件＞の定義：与えられた結果から遡及して成立条件を探
　　　　る，後件成立のために必要な条件を表す条件文．

（06'）＜必須条件＞表示文の特徴：

　　　　B_1:「てコソ/てはじめて」などの語と置き換えが可能である．

　　　　B_2:誘導推論が可能である．

　　　　B_3:前件に疑問詞がくるが，後件には疑問詞が現れにくい．

　　日本語では＜前提条件＞＜必須条件＞両方が同じ言語形式（ト・タラ・バ
などの条件形式）で表されている場合が多いが，中国語では＜前提条件＞を
表す"只要……就"と＜必須条件＞を表す"只有……才"にはっきり使い分け
ている．本論では，このような前件と後件の条件関係を表す＜前提条件＞
＜必須条件＞の立場から日中両語の条件形式の形式的・意味的相違につい
て考察する．もう少し詳しく言えば，＜前提条件＞＜必須条件＞二者の関

係を明らかにした上で，最低条件形式「サエ…ば」，最重要条件形式「…てコソ」，唯一条件形式「…時ダケ」などの形式と中国語の前提条件形式"(只要) p，就 q"，必須条件形式"(只有)p，才 q"との対応関係を中心に考察する.

3　前提条件と最低前提条件を表す「サエならば」文

　複文は基本的に前提部分と焦点部分とに大きく分けることができる.「p ならばq」は基本的に＜前提条件＞を表しており，「前件が前提で，後件が焦点である」(坂原1985. p112)とされている.

　(07) 問：1に1を足せばいくつになりますか?

　　　答：1に1を足せば2になります.

　　　cf. 1足す1(は/＊が)2です.

　(07)のように＜前提条件＞は普通前件(条件節)が前提で，後件(主節)が結論になる. このように＜前提条件＞を表す条件文は「けっして誘導推論を引き起こさないと考えるのは行き過ぎだが，確かに誘導推論を引き起こしにくい」(坂原1985. p113)とされている.

　条件文「pならばq」は，pが条件節であり，条件の前提になる一方，qは主節であり，条件の焦点になる. 即ち，前件 p 成立に伴う当然たる結論 qを表す. このような条件関係を持つ＜前提条件＞は例えば，

　(08) 太郎が小学生であれば，太郎は未成年者である.

　の場合，「太郎は小学生であれば当然，太郎は未成年である」という意味で，「太郎は小学生である」という条件(＝前提)で当然ながら「太郎は未成年者である」という結論に至る(未成年者といって必ずしも小学生とは限らないが，トニカク小学生であれば未成年者である).

　中国語では前提条件を表す"p，就 q"文と必須条件を表す"p，才 q"がはっきり分かれており，例(09)のような前提条件を表す場合は普通"p，就 q"で表す. トニカクゆっくり話しサエすれば貴方の話を十分聞き取れるとの意味で，

　(09) 你说得慢点儿，我就能听懂(ゆっくり話してくれると，聞き取れます)

　　　cf. 解釈：ゆっくり話してくれるとそれに伴って聞き取れるという

　　　結果が生じる.　　　　　　　　　　　　　　　　　　　　(井上2003)

のように"p，就 q"形式で表す．中国語では〈恒常的〉事態だけでなく，〈動作の連続〉〈主観的意図〉など条件的関連性が薄い表現であっても，"p，就 q"で表す場合が多い．

(10) 东北大地一到冬天，就白雪皑皑．　　　　　　　　　　　〈恒常的〉

　　　（東北の大地は冬になると雪で真っ白になる）

(11) 他一进屋，就把帽子摘下来了．　　　　　　　　　　　〈動作の連続〉

　　　（彼は部屋に入ると帽子を取った）

(12) 你喜欢，就给你吧．（好きなら，あげるわ）　　　　　〈主観的意図〉

条件文で使われる"就"①は本来日本語の「すぐ・じき」に近い意味を表す時間副詞"就"から派生したものだと考えられる．そのため"就"がある条件文は特定の事態間の「条件－帰結」を表しており，「前件が実現されると，それに伴って後件が発生する」（井上2003）という「時間」レベルの依存関係が表される．即ち"p，就 q"形式は一方の事態が先にあって，もう一方の事態が時間の流れにそってそれに付随するという，時間的継起性を表す．

日本語では条件文の中に現れる「サエ」を「最低条件のサエ」（沼田2000）と呼んでいる．

(13) 五人いる委員の中，彼が賛成してくれ<u>サエ</u>すれば，きっとうまくいく．

日本語の条件文における「pならばq」の時間性は完全には否定できないが，最低条件のサエと共起する場合の形式「pサエならばq」は，(13)のように「うまくいく」ためにはとにかく「彼の賛成」で十分だという条件関係を表すのに主旨があり，時間的継起性では解釈しにくい．

中国語では最低条件を"只要"という副詞で表している．この場合も"只要"を条件節（前節）に加えて"只要 p，就 q"という形式で表す．

(14) 只要下功夫，你就一定能学会（努力さえすれば，君は必ず習得できる）

　　　　　　　　　　　　　　　　　　　　　　　　　『日中・中日辞書』

---

① （時間）副詞"就"の意味：①時間を置かないさま．ただちに．⇒我就去．②手数がかからないさま．容易に．簡単に．⇒一打听，就知道怎・走（人に聞けば，道順はすぐ分かる）．③距離的に離れていないさま．8 商店就在你眼前（店はすぐ目の前にある）．

（15）只要一到春天，江南的各大名景就挤满了来自各地的游客．

　　（春になりさえすれば，江南の各名勝は各地からの観光客でいっぱいになる）

　以上のことから＜（最低）前提条件＞を表す日中両語の条件形式は次のようになる．

（16）〈前提条件〉表示文

　　「pならばq」　⇔ "p，就 q"

（17）〈最低条件〉表示文①

　　「pサエならばq 」⇔ "只要 p，就 q"

　しかし，「pならばq」と "p，就 q"だけでも＜最低前提条件＞を表し得る．

（18）？あの（2500円の）CDは5000円あれば買える．

　　cf. あの（2500円の）CDは2500円あれば買える．

　　（那张 CD2500日元就能买到．）

　（18）は論理的には〈前提条件〉になるが，実際の会話文では奇妙な表現になる．これはGriceの量の格率原則（量の格率：要求されている以上の情報量の貢献をするな．（西山1999，p20））に違反するからである．つまり，相手が求めている最低十分の金額を提示しなければならない．ということから「pならばq」は実際の会話などで，サエという取立詞がなくても〈最低前提条件〉を表す場合が多い（18cf）．

　日中両語の前提条件まとめ

　①　前提条件：前件成立に伴う当然の結論・結果（誘導推論不可）

　②　日中両語とも最低前提条件の「サエ」"只要"は会話の含意として省略される場合がある．

---

①　＜最低条件＞であるpさえクリアすれば当然（自然に）qになるという意味になるが，場合によっては「qになるためには最低限にpをクリアしなければならない」といった＜必須条件読み＞になる場合がある．この点後述する 4「必須条件」5「会話の原則（協調の原則）としての条件」部分で詳しく触れる．

4　必須条件を表わす形式

　〈必須条件〉を表す条件文は誘導推論(19a)に近い意味・条件を表している．誘導推論はそのほとんどが必須条件形式(「pコソq」「p時ダケq」)に言い換えが可能である．つまり，〈必須条件〉とは，後件成立するための欠かせない条件である．言い換えると必須条件pが成立しないと結論qに至らないという意味で誘導推論を引き起こすことになる．

(19) a. 虎穴に入らずんば虎子を得ず．/不进入老虎洞，就不能捉到小老虎．
　　　　　　　　　　　　　　　　　　　　　　　〈誘導推論〉

　　 b. 虎穴に入ってコソ虎子を得る．/进入老虎洞，才能捉到小老虎．
　　　　　　　　　　　　　　　　　　　　　〈最重要必須条件〉

　　 c. 虎穴に入った時ダケ虎子を得る．/只有进入老虎洞，才能捉到小老虎．
　　　　　　　　　　　　　　　　　　　　　　〈唯一必須条件〉

4.1　〈必須条件〉を表す「pならばq」文

　〈前提条件〉は普通前件(条件節)が前提で，後件(主節)が結論になり，与えられた条件から結果を引き出す推論であり，誘導推論を引き起こしにくいが，次のように与えられた結果から遡及して成立条件を探る推論もある．

(20) 問：1に幾つ足せば2になりますか？
　　　答：1に1を足せば2になります．
　　　cf. 1足す1(が/*は)2です．

　(20)は「2になる」ためには，「1に」必ず「1を足す」必要があるとの意味で，前件が後件成立のための〈必須条件〉になる．〈必須条件〉には少し注釈が必要である．例えば，大学に入学するためにはセンター試験と二次試験に合格する必要がある．この場合，「センター試験」と「二次試験」はそれぞれ後件成立のための必須条件になることは間違いない．しかし，実際の会話文となると次の(21)が奇妙な表現になる．それは会話の原則に違反するからである．(量の格率：要求されている以上の情報量の貢献をするな．(西山1999, p20))例えば，センター試験と二次試験どちらか一つでも不合格であったら大学に入学できないからである．(このような問題を解決するには＜必須条件＞を＜最重要条件＞＜唯一条件＞などに分類する必要があ

る．その点4.2，4.3で述べる）

　（21）＊センター試験に合格すれば，大学に入れる．

　　　　cf.　センター試験と二次試験に全部合格すれば，大学に入れるの
　　　　　　だ．（统一考试和二次考试都合格了,才能考上大学.）

　　＜必須条件＞を表す場合，中国語では“p,才 q”で表す．日本語とちがって
＜前提条件＞の“（只要）p,就 q”で表すことはできない．「疑問詞ならば，q」
は典型的な＜必須条件＞を表す形式である．日本語では＜必須条件＞の場
合も＜前提条件＞と同じく「pならば，q」形式で表す．

　（22）どうすれば，日中関係を改善できるのか？

　　　　a.怎样才能改善中日关系?/b.??怎样就能改善中日关系?

4.2　「てコソ」文（最重要条件）と「（場合）時ダケ」文（唯一条件）

　後件成立のために必須条件が幾つかある時，それらの必須条件のうち最
も重要な条件をクローズアップして取立てる「pてコソq」文を本論では〈最
重要必須条件〉表示文と呼ぶことにする．

　（23）敵を知り，己を知ってコソ勝利はあるもの．

（敵と己を共に知ることが勝利するためには最も重要であること）

cf.　敵を知り，己を知れば勝利はあるもの．

　（24）a.　这种活儿非要他来才行.　　　　　　　　　　　　　　　『中日辞書』

　　　　　（こういう仕事は彼に来てもらってコソ，はじめて可能となる ）

　　　　b.　这种活儿他不来,就不行.（こういう仕事は彼が来ないとできない）

　　　　　　　　　　　　　　　　　　　　　　　　　　　　　　　〈誘導推論〉

　コソは「とりたてられる要素がまさにそうであると強調し，同類の他の要
素については，そうでないと積極的に否定するわけではない．この点でダ
ケとは違う」（沼田1992,p26）．言い換えると必須条件のうち最も重要で不可
欠の条件である．（23）は勝利するには，「敵を知り，己を知る」ことが単な
る一つの必須条件であるという意味ではなく，他の同類の必須条件より最
も重要な条件であることを示している．

　以上のように，日本語では「pてコソq 」と「pならばq」両方とも〈必須条
件〉を表しており，そのうち「pてコソq」は〈最重要必須条件〉を表す専用
形式であるのに対して，「pならばq」は＜必須条件＞を表す場合と＜前提条

件＞を表す場合があるといえる（例23cf）．その一方，中国語では＜必須条件＞を表す場合普通"（只有）p，才 q"で表しており，"（只要）p，就 q"（前提条件専用形式）を用いることはできない（例22，24）．

　日本語にはもう一つ必須条件を表す形式がある．唯一必須条件を表す「p（場合）時ダケq」形式である．中国語では"只有 p，才 q"＜唯一必須条件＞表示文である．

（25）彼を仲間にした場合ダケ，プロジェクトは成功する．

（26）<u>只有</u>社会主義<u>才</u>能救中国，<u>只有</u>中国特色的社会主義<u>才</u>能発展中国.

　　　（社会主義の場合ダケ中国を救える，中国特有の社会主義の場合ダ
　　　ケ中国の発展が可能である）

　取り立ての副助詞ダケは，「選択関係にある要素のうち取り立てられる要素は当該要素以外にはないというある意味での限定（したがって他の考え得る要素の排除でもある）を表す」（森山2000）．中国語ではこのような＜唯一必須条件＞を"只有 p，才 q"で表す．＜唯一必須条件＞はあくまで＜必須条件＞の下位分類なので日中両語とも＜唯一必須条件＞を表す場合も，誘導推論を引き起こしやすい（25'）（26'）．

（25'）彼を仲間にしなければ<u>（かったら）</u>，プロジェクトは成功しない．

（26'）不走社会主義路就不能救中国，没有中国特色的社会主義就不能発
　　　展中国.（社会主義でないと中国を救えない，中国特有の社会主義
　　　でないと中国の発展はない）

　即ち，「p（場合）時ダケq」と"只有 p，才 q"を別の言い方にすると，＜唯一必須条件＞であるpさえクリアすれば当然（自然に）qになる という意味であり，＜唯一必須条件＞は会話の含意として＜最低前提条件＞に解釈される場合が多い．ただし，＜唯一必須条件＞表示文や＜最重要必須条件＞表示文では，その条件が唯一的であったり，最重要であるという捉え方になる．そのため，その条件がいわば焦点化され，焦点化された条件が成立するだけで，後件が成立するという誘導推論がおこりやすい．誘導推論はあくまで会話の含意としての誘導推論であって，（形式言語としての）現実的の条件文では成立しない場合も多い．

（27）虎穴に入らずんば虎児を得ず．

　　（虎穴に入らなくても虎児を獲る方法はいくらでもある）

　　（虎穴に入っても虎に噛まれて死んだら虎児を獲ることができない）

(28) 敵を知り，己を知ってコソ勝利はあるもの．

　　（??敵を知り，己を知っていれば戦わなくても勝利する）

以上のような必須条件を表す日本語と中国語の形式は次のようになる．

○〈必須条件〉表示文

　　「pならばq」/「疑問詞ならばq」　⇔　"p，才 q"

○〈最重要必須条件〉表示文

　　「pてコソq」　⇔"(只有)p，才 q"

○〈唯一必須条件〉表示文

　　「p 時(場合)ダケq」　⇔"只有 p，才 q"

日中両語の必須条件のまとめ

① 必須条件：提示された結果(結論)からその成立条件を探る．

　　「WHならばq」文とそれに対する答えがその典型的な形式だといえる．

② 必須条件：前件は後件成立のための欠かせない条件である．

③ 唯一必須条件を表す「(場合)時ダケ」は会話の含意として＜最低前提条件＞読みになる場合もある．

5　会話の原則(協調の原則)としての条件

　＜前提条件＞読みになる場合の「ト，タラ，バ」と＜必須条件＞を表す形式「てコソ，時ダケ」は基本的に置き換えができない(置き換えが可能であっても表す意味は異なる)．

(29) 京阪電車に乗れば，40分で丹波橋から京橋までいける．

　　　　　　　　　　　　　　　　　　　　　　　　　　　＜前提条件＞

　　　cf.＃京阪電車に乗った時だけ,40分で丹波橋から京橋までいける．

　　　　　　　　　　　　　　　　　　　　　　　　　　　＜必須条件＞

(30) 敵を知り，己を知ってこそ勝利はあるもの．　　　　＜必須条件＞

　　　cf.？ 敵を知り，己を知れば勝利はあるもの．

　その点，中国語も同じである．＜前提条件＞の"(只要)p，就 q"と＜必須条

件＞の"(只有)p,才 q"は置き換えができない場合が多い．もちろん置き換えが可能であっても表す意味は異なる(邢福义2001,p100参照).

(31) 只有呼吸到空气,人才能活着. 　　　　　　　　　　　(邢 福义2001)

　　　(呼吸ができてそこ，人間は生きられる)

　　　*只要呼吸到空气,就能活着.

　　　(*呼吸さえできれば，人間は生きられる)

　日本語の話者であれ，中国語の話者であれ，話し手が聞き手に必要且つ十分な情報を伝えようとするなら，次のようになる．

○日本語：「pならば，q　且つ　pてコソ，q」

　　中国語："只要 p,就 q;并且　只有 p,才 q"

○日本語：「pならば，q　且つ　￢pならば，￢q」

　　中国語："只要 p,就 q;并且　不 p,就不 q"

　しかし，実際の言語活動ではこのような言い方は普通しない．それは会話の原則としての「様態の格率(簡潔に述べよ)」に反する，くどい表現になるからである．実際の言語活動では，その前半か後半だけで表す場合が殆どであるといえる．実際の使い分けとして，命令や提案をする時，条件文を使うことがあるが，消極的な言い方とさほど消極的でない場合がある．消極的な言い方をしたい時，普通「pならばq」"(只要)p,就 q"，さほど消極的でない場合は「てコソ」"(只有)p,才 q"か誘導推論形式で表す．

　その一方形式的には，日本語の「pならばq」条件文(特にバ形式)は＜必須条件＞と＜前提条件＞どちらからも解釈が可能な場合が多く，会話の原則として必要かつ十分な情報を与えつつ，最も丁寧な表現として使われていると言える．

6　まとめ

　中国語では前提条件と必須条件形式がはっきりと"(只要)p,就 q""(只有)p,才 q"二つに分かれているのに対して，日本語では基本的に「タラ・ト」などの形式は前提条件しか表さないが，どちらとも表せるバ形式は前提条件と必須条件の関係が曖昧であり，前提・焦点といった情報構造を表示する便利な標識はない．そのため取立て詞と併用しての形式「サエ…ば」「…てコ

ソ」「…時ダケ」などで二つの条件関係を使い分けていると言えるかもしれない．ただし，これらの形式はまだ条件形式としてあまり研究されていない．以上前提条件・必須条件の立場から日中両語の対応関係を考察したが，表にまとめると次のようになる．（＜最低条件＞が前提条件か必須条件かという点と中国語との対照は会話の含意が深く関係するので別の機会で詳しく論じたい．）

（32）＜表＞　日中両語の形式的対応関係

	誘導推論	日　本　語		中　国　語
前提条件	不可	p(サエ)ならば q	p ならば q	p，就 q
最低条件		p サエならば q		只要 p，就 q
必須条件	可	p(wh)ならば q		p，才 q
最重要条件		p てコソ q		(只有)p，才 q
唯一条件		p 時(場合)ダケ q		只有 p，才 q

第2節　期待性から見る日中条件表現の相違

1　はじめに

　日本語の条件文ト・タラ・バ形式は中国語では基本的に"p，就 q"で表すが、そのうち、バ形式の実際の対訳例からは、"p，就 q"だけでなく、"p，才 q"で訳されている場合も多く見られている。

(01) a. 私は求めて生を得たのではなかったが、一旦平穏な病院生活に入ってしまえば、強いてその中断を求める根拠はなかった。

　　　　　　　　　　　　　　　　　　　　　　　　大岡昇平『野火』

　　　b. 我并不是靠求生而活下来的，可一旦进入平稳的医院生活中，也就没有理由强迫自己中断它。　　　　　　　　尚侠 等 译《野火》

(02) a. 子ども自身だって、よくやったぞと思っているとき、ほめられれば、納得し、意欲的になれるからです。

　　　　　　　　　　　　中澤次郎・鈴木芳正『ひとりっ子の上手な育て方』

　　　b. 因为，只有当孩子自己也觉得做得挺不错的时候，他才能够接受，从而鼓起更大的干劲。　　　　　　　　　何明 译《独生子女优育法》

　本論ではこのようなバ形式と中国語の"p，就 q"、"p，才 q"との対応関係を考察することを目的とする。

2　先行研究

2.1　バ形式の特徴：非個別的事態と裏の意味

　客観的な継起を示すト形式、個別的・その都度的な状況を示すタラ形式と違って、バ形式は前件と後件の条件関係を表しており、その裏に「～でなければ後件は起らない」ことを含むとされている（有田1993，p.236参照）。また、「恒常条件・一般条件などと呼ばれる表現に見られるような、条件の一般的非個別的傾向が強い」（山口1969）表現形式である。即ち、バ形式は日本語の条件形式の中で最も論理性がつよい条件を表しており、「pでなければqでない」という誘導推論が可能な形式である。

　小出ほか（1981）では，「ば」の基本的性格の中に，「S_2にはS_1の行為者の利益になる内容がくる」ことや，「S_1に行為者がない場合，S_2にはS_1から考えて，社会的通念に沿った期待に合致する内容がくる」ことを掲げている。

　しかし、このような従来の研究では、どうしてバ形式だけに期待性の問題が存在するのかといった問題についての分析がない。この点について前稿、李（2007a，2010）ではバ形式が表す意味を＜前提条件＞と＜必須条件＞に分けることを提案した。

　次の（03）は普通（03a）のように＜前提条件＞読みになる場合が多いが、場合によっては（03b）のように＜必須条件＞読みになる場合もある。

（03）二十になれ<u>ば</u>タバコが吸える。

　　　　a.二十になれ<u>ば</u>、当然ながらタバコは吸える。　＜前提条件読み＞
　　　　b.二十になっ<u>てこそ</u>、タバコは吸える。　　　　＜必須条件読み＞

前提条件読みの場合は（04.cf）のように必ずしも誘導推論を引き出すとは限らないのに対して、必須条件読みの場合は（04b.cf）のように誘導推論が可能である。

（04）a.二十になれ<u>ば</u>、当然ながらタバコは吸える。

　　　　cf.？二十にならない<u>と</u>、タバコは吸え<u>ない</u>。　　　＜誘導推論＞

　　　b.二十になっ<u>てこそ</u>、タバコは吸える。

　　　　cf.二十にならない<u>と</u>、タバコは吸え<u>ない</u>。　　　＜誘導推論＞

この二種類の含意の違いを分析するために、李（2010）では＜前提条件＞読みと＜必須条件＞読みになる文を次のように定義した。

○＜前提条件＞表示文の文法的特徴

定義：与えられた条件から結果（結論）を引き出す、前件成立に伴う当然の結果を表す条件文。

特徴 A_1：「とにかく」「当然」「当たり前だ」という語と共起できる。

　　　A_2：誘導推論ができない（或は必ず誘導推論が可能とは限らない）。

　　　A_3：後件に疑問詞がくるが、前件には疑問詞が現れにくい。

○＜必須条件＞表示文の文法的特徴

定義：与えられた結果から遡及して成立条件を探る、後件成立のための
　　　条件を表す条件文。

特徴 B_1：「てコソ／てハジメテ」などの語と置き換えが可能である。

　　　B_2：誘導推論が可能である。

　　　B_3：前件に疑問詞がくるが、後件には疑問詞が現れにくい。

2.2　中国語での"充足条件"と"必要条件"

本論でいう＜前提条件・必須条件＞とは必ず一致するとは限らないもの

の、中国語にもそれと似た"充足条件・必要条件"という概念がある。例えば"只要 p，就 q"は普通"充足条件"読みになる場合が多く、"只有 p，才 q"は普通"必要条件"読みになる場合が多いとされている（詳しくは邢2001、徐2002参照）。ここでいう"充足条件・必要条件"は本論でいう＜前提条件・必須条件＞に近いものだと考えられる。

　　しかし"只要"は意味的に日本語の取立詞「サエ」に近く、"只有 p，才 q"は日本語の「～てコソ」「～てハジメテ」と意味的に近いと考えられる。そのため、本論では"只要 p，就 q"と"只有 p，才 q"を考察範囲に入れず、中国語の"p，就 q"、"p，才 q"と日本語の「ト・タラ・バ」に限って考察することにする。

3　日本語の＜前提条件＞と＜必須条件＞

3.1　＜前提条件＞読みになるト・タラ形式の特徴

　　ト形式は普通前件成立に伴う当然の結果といった＜前提条件＞読みになる場合が多い。一方の事態が先にあって、もう一方の事態が時間の流れにそってそれに付随するという、時間的共起性が特徴的であるト形式は、動作の連続を表す表現によく見られるが、一般的・恒常的条件を表す場合でも、同じく前件成立に伴う当然の結果を表す＜前提条件＞読みになる傾向が多い。

　　タラ形式も基本的に＜前提条件＞を表す形式である。タラ形式は「事柄が起ってしまった場合を想定して、若しくは既に生起した状態において、主題の人間や事物に起った事柄や、その想定に対する話し手の立場・意見を叙述する」（森田1967）であるとされる。即ち、タラ形式も＜前提条件＞表示文の特徴を備えている。

　　ト・タラ形式が＜前提条件＞読みになる場合は後件が焦点になり、以下の三つ（A_1、A_2、A_3）の条件を満たしている。

　　A：＜前提条件＞表示文の特徴（「p→q(焦点)」＝「条件→結果」）

　　A_1：ト・タラ形式は「とにかく」「当然」「当たり前だ」という語と共起できる。

　　（05）このボタンを押すと、ドアが開く（のは当たり前だ）。

　　（06）飛行機代が安くなると、（当然）利用する人が増えるに違いない。

　　（07）歌詞がつまらなかったら、（当然）当然流行らないよ。

　　A_2：ト・タラ形式は誘導推論を引起さない（もしくは必ず誘導推論を引起

こすとは限らない）

（08）このボタンを押すと、ドアが開く。　　　　　　　　　（蓮沼など2001）

　　　cf. ♯このボタンを押さ<u>ない</u>と、ドアが開か<u>ない</u>。

（09）飛行機代が安くなると、利用する人が増えるに違いない。

　　　cf. ♯飛行機代が安くなら<u>ない</u>と、利用する人が増え<u>ない</u>に違い

　　　<u>ない</u>。

（10）大人になった<u>ら</u>、パイロットになりたい。

　　　cf. ＊大人になら<u>なかった</u>ら、パイロットになりたく<u>ない</u>。

A₃：ト形式は後件に疑問詞がくるが、前件には疑問詞が現れにくい。

（11）こうす<u>ると</u>、<u>どう</u>なりますか？　　　　　　　　（蓮沼等2001）

　　　cf. ＊<u>どう</u>す<u>ると</u>、こうなりますか？

（12）7時にバスに乗<u>ると</u>、<u>何時</u>に着きますか？　　　　（蓮沼等2001）

　　　cf. ＊<u>何時</u>にバスに乗る<u>と</u>、7時に着きますか？

A₃＋B₃：タラ形式は前件と後件どちらにも疑問詞が現れる。

（13）a. <u>どう</u>した<u>ら</u>、彼女ができるのですか？

　　　b. 彼氏がホストやってい<u>たら</u>、<u>どう</u>します？

　タラ形式は前件と後件どちらにも疑問詞が現れるが、この点は後述する中国語の"p，就 q"と似たような特徴を持っている。

　タラ形式は＜前提条件＞表示文の特徴 A_1, A_2, A_3 を備えているが、但し、タラ形式はバ形式やト形式と違って（13）のように前件と後件どちらも疑問詞が現れるし、（13 a）の場合は焦点が前件にあり、＜必須条件＞読みになる。しかしタラ形式の基本的な用法は、前でもふれたように当然の結論への話し手の立場・意見を表す形式であり、基本的に＜前提条件＞読みに解釈される場合が多い。

3.2　＜必須条件＞読みになるバ形式の特徴

　恒常条件・一般条件などと呼ばれるバ形式は、条件の一般的非個別的傾向が強く、「〜でなければ後件は起らない」といった裏の意味を持っているとされるが、つまり、裏の意味（誘導推論）を持っていること及び疑問詞が前件にしか現れないこと、この二つの特徴は＜必須条件＞表示文が持っている特徴そのものであると言える。

　バ形式が＜必須条件＞読みになる場合は前件が焦点になり、以下の三つの条件（B_1、B_2、B_3）を満たしている。

B：＜必須条件＞表示文の特徴（「p(焦点)←q」＝「条件←結果」）

B₁：「てコソ／てハジメテ」などの語と置き換えが可能である。

(14)問：いつになれば夕バコが吸える？

　　答：二十歳になればタバコが吸える。

　　　　cf.二十歳になってはじめてタバコが吸える。

(15)問：どうすれば、プロジェクトは成功する？

　　答：彼を仲間にすれば、プロジェクトは成功する。　　　　（今仁1993）

　　　　cf.彼を仲間にしてこそ、プロジェクトは成功する。

B₂：誘導推論が可能である（(14答)＝(16)、(15答)＝(17)）。

(16)二十歳にならないとタバコは吸えない。

(17)彼を仲間にしないと、プロジェクトは成功しない。　　　（今仁1993）

B₃：前件に疑問詞がくるが、後件には疑問詞が現れにくい。

(18)a.どの辞書を引けば、この漢字の意味が分かりますか？

　　b.?この辞書を引けば、何が分かりますか？　　　　（蓮沼など2001）

　　c.この辞書を引(くと／いたら)、何が分かりますか？

(19)a.何を飲めば、お腹の痛みがおさまりますか？　　　（蓮沼など2001）

　　b.?これを飲めば、どうなりますか？

　　c.これを飲(むと／んだら)、どうなりますか？

　このように、後件成立のための＜必須条件＞を表すバ形式は、「前件が成立してハジメテ後件が成立する(B₁)」という意味、即ち「前件が成立しないと後件が成立しない(B₂)」といった後件成立のための＜必須条件＞読みになる傾向が強い形式である。そのため「(後件成立のために)ドウすればいいのか(B₃)」といった疑問形を用いることが可能である。

4　中国語の＜前提条件＞と＜必須条件＞

　中国語でも日本語のように＜前提条件・必須条件＞読みになる形式がある。"p,就q"は基本的に＜前提条件＞読みに解釈される場合が多く、"p,才q"は基本的に＜必須条件＞読みに解釈される場合が多い(20a,b)。

(20)a.到了二十岁就能抽烟。(二十歳になったら、当然ながらタバコは吸える。)

　　b.到了二十岁才能抽烟。(二十歳になってこそ、タバコは吸える。)

4.1　＜前提条件＞読みになる"p,就q"

A：＜前提条件＞表示文の特徴（「p→q（焦点）」＝「条件→結果」）

A₁："反正/当然/自然而然"などという語と共起できる。この場合の"p, 就
q"を"p, 才 q"に置き換えると非文になる。

(21)文章有了无穷之意，当然就能使人百读不厌了。《中国儿童百科全书》
　　（文章が深い意味を持っていたら、当然ながら何回読んでも飽き
　　ない。）

　　cf.？……文章有了无穷之意，当然才能使人百读不厌了。

(22)但也不是说经济生活水平上升了，富了，有钱了，道德水准就自然而然地
　　提高了。　　　　　　　　　　　　　　　　《1994年报刊精选\10》
　　（しかし、経済生活水準が上がった、豊かになった、お金もあっ
　　た、というだけで道徳水準が自然に高くなったというわけでは
　　ない。）

　　cf.？……富了，有钱了，道德水准才自然而然地提高了。

A₂：誘導推論ができない（或は必ず誘導推論を引き出すとは限らない）。

(23)a.现在看来，只需从现时起，再有一年左右的时间，就可能将国民党反动
　　政府从根本上打倒了。　　　　　　　　　　　毛毛《我的父亲邓小平》
　　b.今になってみると、これから一年前後の時間があれば国民党反
　　動政府を根底から打倒することができる。

　　　　　　　　　　　　　　　　　　　長堀祐造 訳『わが父・鄧小平』

　　cf.＊……不需要一年左右的时间，就不可能将国民党反动政府从根本
　　上打倒了。

A₃＋B₃：前件と後件、どちらも疑問詞がくることが可能である。

(24)a.一个人怎么样就能够真正地提高他的英语口语。

　　　　　　　　　　　　　　　　　　　　杜子华《英语成功学（下）》

　　（どうしたら英会話のレベルを確実に高めるのだろうか）

　　b.干什么工作就能在一年挣下10万元？　　　　　　　（自作例）

　　（どんな仕事をしたら年棒10万元をもらえるだろうか。）

(25)a.世上没女人就会怎么样？　　　　　　　　　　　（自作例）

　　（もし世の中に女性がいないとしたら、どうなるだろう。）

　　b.一个人如果没有竞争对手，就会怎么样？　　　　（自作例）

　　（人は競争相手がなかったら、どうなるだろう。）

"p, 就 q"の前件と後件が共に疑問詞が現れるとのことは日本語のタラ形

式と似ている。"p, 就 q"は＜前提条件＞表示文の特徴 A_1, A_2, A_3 を備えて
いるが、(24)、(25)のように前件と後件どちらも疑問詞が現れるし、(24)
の場合は焦点が前件にあり、＜必須条件＞読みになる。"p, 就 q"の基本的
用法は、「『前件が実現されると、それにともなって後件が発生する』という
『時間』レベルの依存関係」(井上2003, p56)であるため基本的に＜前提条件＞
読みに解釈される場合が多い。

4.2　＜必須条件＞読みになる"p, 才 q"

B：＜必須条件＞表示文(「p(焦点)←q」=「条件←結果」)

B_1："p, 才 q"は"必须 p, 才 q"若しくは"除非 p, 才 q"に置き換えが可能で
　　　ある。

(26)美国人只能了解到中国人生活的50％或60％。你要去中国才能真正了解
　　　中国人。　　　　　　　　　　　　　　　　　　　　　《我的世界我的梦》

　　　　（アメリカ人は中国人の生活の50％或いは60％しか理解できていな
　　　い。中国に行けばこそ本当の中国人を理解できる。）

　　　cf.……除非你去中国才能真正了解中国人。

(27)刚生下的幼熊只有500多克重，要经过1年左右的哺育，才能独立生活。
　　　　　　　　　　　　　　　　　　　　　　　　　　《中国儿童百科全书》

　　　（生まれたばかりの熊の赤ちゃんは500gくらいで、一年くらいの哺育
　　　を経てこそ独立して生活できる。）

　　　cf.……必须要经过1年左右的哺育，才能独立生活。

B_2：誘導推論が可能である。

(28)人每天应吃10—12克食盐，才能维持正常的活动。《中国儿童百科全·》

　　　（人間は毎日10－12gの食塩を食べてこそ、正常な活動が維持で
　　　きる。）

　　　cf.人每天不吃10—12克食盐，就不能维持正常的活动。

(29)纪律是各项事业成功的保证。有了纪律，才能协调一致，保证社会主义现
　　　代化建设的顺利进行。　　　　　　　　　　　　《中国儿童百科全·》

　　　（規律はいろんな事業の成功の保証である。規律があればこそみんな
　　　が協調一致できるし、社会主義現代化建設が順序良く進める保障で
　　　ある。）

　　　cf.纪律是各项事业成功的保证。没有纪律，就不能协调一致，……。

B_3：前件に疑問詞がくるが、後件には疑問詞が現れにくい。

（30）<u>怎样才</u>能搞好中日关系?（どうすれば日中関係を改善できるか。）

（自作例）

（31）*搞好中日关系,<u>才</u>会怎样? （自作例）

以上のことを＜前提条件＞と＜必須条件＞の立場から日中両語の対応関係を次のようにまとめることができる。

〈表1〉

		A：〈前提条件〉読み	A+B	B：〈必須条件〉読み	
日本語	A₁	ト ／ タラ	×	バ	B₁
	A₂	ト ／ タラ	×	バ	B₂
	A₃	ト ／ タラ	タラ	バ	B₃
中国語	A₁	p，就q	×	p，才q	B₁
	A₂	p，就q	×	p，才q	B₂
	A₃	p，就q	p，就q	p，才q	B₃

5　日中条件文の相違

5.1　時間レベルと論理レベル

井上優（2003）で取りあげた「時間・論理」レベルでの日中両語の接続詞の対照は本論と関わりがあるので少し触れることにする。

「益岡隆志（1997）では、個別的事態間の依存関係を表す『タラ』節にはテンスがあるが、一般的な因果関係を表す『バ』節は事態の型を総称的に表し、テンスはないとする。文法カテゴリーとしてのテンスを持つ日本語では、条件従属節にテンスを組み込むことによって、個別的事態の『時間』レベルの依存関係が表されるのである」（井上2003．p58）。

更に「タラ」と"就"の関係については、

「文法カテゴリーとしてのテンスを持たない中国語では、"就"のない条件文は、時間の流れを捨象した『論理』レベルの依存関係しか表さない。そして、それを個別的事態の『時間』レベルの依存関係に変えるためには、"就"のような時間に関わる副詞の助けが必要である。文法カテゴリーとしてのテンスがないのを他の手段が補って、日本語の『タラ』に通ずるレベルの関係づけが実現されているのである」（井上2003．p58）。

以上の説を基に本論での「ト・タラ・バ」形式と"p,才q""p,就q"を再整理すると次のようになる。

第Ⅲ部　各条件形式の日中対照

①日本語条件文の場合：

　日本語の動詞のル形は現在・未来を表し、タ形は過去を現す。このようなル形につくト形式とタ形に付くタラ形式を従来研究では時間レベルに属するとしている。それに対して、バ形式は「仮定形＋バ」という接続法でル・タ形というテンスの概念を持たないテンス分化以前の段階である論理レベルに属するものである。

②中国語条件文の場合：

　井上（2003）でも触れたように、時間副詞"就"で表す条件文は時間レベルのものである。"就"を用いないゼロ形式"p，q"は論理レベルに属するものである。中国語にはまた"p，才 q"といった典型的な論理レベルに属する条件形式もある。これも"就"を用いない形式だと言えるだろう。これらは文全体が特定の時空間に限定されない一般的命題を表すのである。

　以上の日中両語の条件形式を時間・論理レベルにまとめると次の図のようになる。

〈表2〉

	時間レベル		論理レベル	
日本語	ト	タラ	バ	—
中国語	p，就q		p，才q	p，q
形式類別	有標形式		無標形式（ゼロ形式）	

　これには少し注釈が必要であるが、日本語における時間・論理レベルの分類はあくまでも動詞の語尾のテンスの相違からの統語論的分類であるが、文法カテゴリーとしてのテンスを持たない中国語では統語論的分類ができない。つまり対訳上、時間レベルの"p，就 q"が「ト・タラ」に、"p，才 q"が「バ」に一対一で対応すると言うことではない。この点については井上（2003）で似たような指摘がある。

　「"就"のある条件文が個別的事態の『時間』レベルの依存関係を表し、"就"のない条件文が前件と後件の『論理』レベルの依存関係のみを問題にするというのは、日本語の『タラ』『バ』が、その中心的な用法において、『個別的事態間の依存関係』『一般的な因果関係』を表す（益岡隆志1997）のと相通ずるところがある（ただし、このことは"就"のある条件文と"就"のない条件文がそれぞれ『タラ』『バ』と対訳上対応するということではない）」（井上2003，

p58)。

5.2　必須条件と期待性

　バ条件文には後件に反期待的意味内容が現れないといった問題を説明するためには、まず可能文の特徴から説明する必要がある。

　尾上(1999)では可能文には「事態の成就への期待の存在」があるとされている。

　(32)この煎餅はゆっくり噛めば食べられる。

　(33)この鍋で料理すれば、ガス代が月々2000円節約できる。

　(32)(33)も「「p(焦点)←q」＝「条件←結果」といった＜必須条件＞表示文の構造を持っている。つまり文の焦点が必須条件p(「食べられる/節約できる」といった事態を成立させるために満たさなければならない条件)にある。

　日本語では、可能形式だけでなく、次の(34)(35)のように「動詞終止形のままで、すなわち出来文把握という手段をとらないで、可能の意味を表していると読むことができる」。(尾上1998b,p93)。

　(34)この車は、うまく運転すれば1リットルで20ｋｍも走る。

(尾上1998b)

　(35)この樽には(きれいに詰めば)大根20本がはいる。　　　　(尾上1998b)

　これは、「様々な述語形式の差を超えて、われわれがそこに可能の意味を読みとる場合とは、『動作主がその行為をしようという意図を持った場合にその行為が実現するだけの許容性、萌芽がその状況の中に存在する』という意味を感じとっている場合に起因するものだと考えられる」(尾上1998b,p93)。

　「事態の成就への期待の存在」という立場からすると、＜必須条件＞読みになる場合のバ形式も同様の解釈が可能である。「バ形式が表す＜必須条件＞は、後件成立のための必須条件であるから、『後件成立への期待の存在』があると言える。言い換えると、後件成立を目指しているから、それに必要な条件を求めることができる。即ち、＜必須条件＞とは、後件成立のための欠かせない条件(前件)を指す。従って、『後件成立のための欠かせない条件をクリアして始めて後件の成立が可能になる』といった可能文的な意味合いを持つことになり、後件には反期待的な内容が現れない」(李2010,pp39-40)。

　以上のことを図に表すと次のようになる。

<図 1>

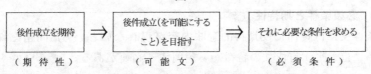

（ 期 待 性 ）　　　　（ 可 能 文 ）　　　　（ 必 須 条 件 ）

　つまり可能文では反期待的内容を表すことができない（36）し、反期待的
内容を表す場合は可能形式ではなく「～てしまう」形式を使う（36 cf）。
（36）*そんな暗い所で本を読めば、目を悪くされますよ。
　　　　cf.そんな暗い所で本を読めば、目を悪くしてしまいますよ。
　実際中国語でも可能を表す形式"能・可以・会"の後ろと＜必須条件＞を表
す"p,才 q"の後件に反期待的内容が現れない（37cf、38cf）。
（37）初春吃韭菜可以提高免疫力。　　　　　　　　　　＜可能文＞
　　　　（初春に韮を食べると免疫力を高めることができる）
　　　　cf.*初春不吃韭菜可以降低免疫力。　　　　　　＜可能文＞
（38）又落榜了,如何才能实现"大学梦"？　　　　＜必須条件・可能文＞
　　　　（また落ちた、どうすれば「大学夢」を実現できるか）
　　　　cf.*如何才能高考落榜？　　　　　　　　＜必須条件・可能文＞
　しかし"p,就 q"は"p,才 q"と違ってこのような制限はない（39、40）。
（39）这个病没有什么了不得,吃点药就会好的。　　　　　＜期待性＞
　　　　（この病は大したことではない。薬を飲めばすぐ直るだろう。）
（40）吃了高热量的食物就会加重体重,我该怎么办呢？　　＜反期待性＞
　　　　（高カロリーの食物を食べたらすぐ太るのだ。私どうすればいい？）
　必須条件および可能文に「後件成立への期待の存在」があると言うのは、
言い換えると後件成立を目指しているから，それに必要な条件を求めるの
に違いない。

6　結論

　本論では日中両語の＜期待性・反期待性＞を＜前提条件・必須条件＞の立
場から考察した。まず日本語では：
　①＜前提条件＞と＜必須条件＞の立場からト・タラ・バ形式を考察した結
果、これらの三形式を＜前提条件＞読みの傾向が強いト・タラ形式と＜必須
条件＞読みの傾向が強いバ形式に分けられることが分った。

②＜必須条件＞読みになる場合は、後件に＜非期待性＞を持った内容が現れないが、＜前提条件＞を表す場合は、そのような制限はない。

③「1.期待性、2.前件が焦点になる、3.結果からその成立条件を求める」といった点で＜必須条件＞と可能文は論理構造が似ていて＜必須条件＞表示文は可能文になっている場合が多い。

次に、中国語では：

①＜前提条件＞読みになる傾向が強い"p，就 q"と＜必要条件＞読みになる傾向が強い"p，才 q"に分けることができる。

②＜必要条件＞表示文の"p，才 q"もバ形式と同じく、後件に＜非期待性＞を持った内容が現れないが、＜前提条件＞表示文の"p，就 q"はそのような制限がない。

③「1.期待性、2.前件が焦点になる、3.結果からその成立条件を求める」といった点で＜必須条件＞と可能文は論理構造が似ていて、"p，才 q"は可能を表す動詞（"能愿动词"）である"能/可以/会"などと共起して"p，才（能/可以/会）q"といった形式で＜必須条件＞を表す場合が多い。

つまり、＜期待性＞が表す「後件成立を目指しているから、それに必要な条件を求めるに違いない」といった「事態の成就への期待の存在」は日中両言語の文法的相違を超えて＜必須条件＞と可能文そのものが持っている論理構造だといえる。

第3節　必須条件を表す条件形式の日中対照

1　はじめに

　従来の研究では「後件の成立を前提として，前件についての判断を行うことは，日常的によくあるである」（今仁1993：210）とされている．その「後件成立のための条件」を李光赫（2007，2010）では＜前提条件＞と＜必須条件＞に分けている．中国語には後件成立のための＜必須条件＞を表す形式"只有p，才q"がある．まず，"只有p，才q"の対訳例を見てみよう．

(01)a.そのことさえ，しっかりと把握していれば，道は自然に開けてく
　　　るはずだ．　　　　　　　　　　　　　　　　乙武洋匡『五体不満足』

　　b.只有牢固把握这种社会责任意识,你走向成功的道路才能打开.

　　　　　　　　　　　　　　　　　　　　　　　郅颙 译《五体不满足》

(02)a.このような本部と現地を結ぶシステムと人材があってこそ，本当
　　　の国際的な活動ができるのである．　　　　中根千枝『適応の条件』

　　b.只有具备了上述将总部和现场工作紧密联结在一起的系统以及优秀
　　　的人才,才能进行积极有效的国际交往.

　　　　　　　　　　　　　　　　　　　朱京伟,张吉伟 译《适应的条件》

(03)a.仕事に追われている時だけ考えごとをしないでいることができた。

　　　　　　　　　　　　　　　　　　　　　　　井上靖『あした来る人』

　　b.只有在被活计催得团团转的时候才能免去思虑.

　　　　　　　　　　　　　　　　　　　　　　　林少华 译《情系明天》

　上記の対訳例(01)～(03)からすると日本語の「pばq」だけでなく「pてこそq」「p時だけq」なども"只有p，才q"に訳されている．日本語では従来条件形式として「ト・タラ・バ・ナラ」が盛んに研究されているが，＜必須条件＞を表す「pてコソq」「p時だけq」などの形式は条件形式として研究されていない．

　本論では中国語で＜必須条件＞を表す"只有p，才q"とそれに対応すると思われる日本語の形式「pばq」「pて（こそ/はじめて）q」「p（時/場合）だけq」などの対応関係について＜前提条件・必須条件＞の立場から考察していくことにする．

2　従来の研究

中国語では＜前提条件＞読みになる"（只要）p，就 q"と＜必須条件＞読みになる"（只有）p，才 q"などがある．それに対して日本語の条件文にはそうした情報構造を表示する便利な標識がない．従来の日本語の条件文研究では，前件と後件の条件関係について＜前提条件・必須条件＞より誘導推論を問題にしていた．

その一方，二つの事態間の論理関係を「後件成立のための条件」の立場から議論した研究には坂原（1985），今仁（1993）などがある．坂原（1985）では「日本語の主語では，はとがにより，背景と焦点の分布が表示される．しかし，条件文については，そうした情報構造を表示する便利な標識はない．したがって，語用論的に処理せざるを得ない．与えられた条件のもとでどんな結果が起こるか予想する推論もあれば，与えられた結果から遡及して原因を探る推論もある．この両方がたまたま同じ言語形式で表されても不思議ではない」（坂原1985：116）としている．

坂原説を受け継いで李光赫（2007，2011c）では上記の二つの異なる情報構造を＜前提条件・必須条件＞に分けることを提案した．

○＜前提条件＞表示文の文法的特徴

定義：与えられた条件から結果（結論）を引き出す，前件成立に伴う当然の結果を表す条件文．（［p→q（焦点）］＝［条件→結果］）

○＜必須条件＞表示文の文法的特徴

定義：与えられた結果から遡及して成立条件を探る，後件成立のための条件を表す条件文．（［p（焦点）←q］＝［条件←結果］）

その上で前稿李光赫（2007，2010）では，日本語のト・タラ形式と中国語の"p，就 q"が＜前提条件＞読みになる場合が多く，「pばq」と"p，才 q"が＜必須条件＞読みになる場合が多いとした．

本論でいう＜前提条件・必須条件＞と論理的に必ず一致するとは限らないものの，中国語にも似たような概念"充足条件，必要条件"があり，例えば"只要 p，就 q"は"充足条件"読みになる場合が多く，"只有 p，才 q"は"必要条件"読みになる場合が多い（詳しくは邢福义（2001：100）参照）．

更に，中国国内では"（只要）p，就 q"と"（只有）p，才 q"について数多く研究されており，その代表的なものには张谊生・吴继光（1994），张谊生（1996，2000），邵敬敏（1997），岳中奇（2000）などがある．そのうち邵敬敏（1997）では

《曹禺选集》と《骆驼祥子》での"才"の出現頻度（用例出現数）を調査した．表1と図1からも分かるように「D"条件"（条件関係）」が一番多く，その次が「B"时间晩"（時間が遅い）」である．

<表1>

使用頻度統計	《曹禺》	《骆驼》	合計	頻度順序
A 刚刚	1	3	4	5
B 时间晩	28	42	70	2
C 数量少	14	12	26	4
D 条件	49	60	109	1
E 语气	15	12	27	3
合計	107	129	236	

<図1>

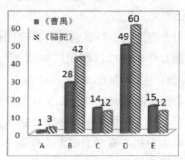

　日本語では＜前提条件＞＜必須条件＞両方が同じ言語形式（ト・タラ・バなどの条件形式）で表されている場合が多いが，中国語では＜前提条件＞読みになる"只要 p, 就 q"と＜必須条件＞読みになる"只有 p, 才 q"にはっきり使い分けている．本論では，＜必須条件＞を表す"只有 p, 才 q"とそれに対応する日本語の形式を中心に"只要 p, 就 q"との関係も含めて考察する．詳しくは＜先決条件＞形式「p てはじめて」，＜最重要条件＞形式「p てこそ q」，＜唯一条件＞形式「p 時だけ q」などの形式と中国語の必須条件形式"（只有）p, 才 q"との対応関係を中心に考察する．

3　＜必須条件＞読みになる形式について

　前稿李光赫（2007，2010）の日本語の条件表現「ト・タラ・バ」が＜必須条件＞読みになる場合の文法特徴について次のように定義している．

　＜必須条件＞表示文の文法的特徴

　定義：与えられた結果から遡及して成立条件を探る，後件成立のための条件を表す条件文（[p（焦点）←q]＝[条件←結果]）．

　特徴Ⅰ：「てこそ/てはじめて」に置き換えが可能である．

　Ⅱ：誘導推論が可能である．

　Ⅲ：前件に疑問詞がくるが，後件には疑問詞が現れにくい．

　恒常条件・一般条件などと呼ばれるバ形式は，条件の一般的非個別的傾向

が強く,「～でなければ後件は起らない」といった裏の意味を持っていると
されるが,つまり裏の意味(誘導推論可能)を持っていることと疑問詞が前
件にしか現れないこと,この二つの特徴は＜必須条件＞表示文が持ってい
る特徴そのものであると言える.

　バ形式が＜必須条件＞読みになる場合は前件が焦点になり,以下の三つ
の条件(Ⅰ,Ⅱ,Ⅲ)を満たしている.

　Ⅰ:「てこそ/てはじめて」などの語と置き換えが可能である.

(04) 二十歳になれ<u>ば</u>タバコが吸える.

　　　cf.二十歳になっ<u>て(こそ/はじめて)</u>タバコが吸える.

　Ⅱ:誘導推論が可能である.

(05) 二十歳になら<u>ない</u>とタバコは吸え<u>ない</u>.

　Ⅲ:前件に疑問詞がくるが,後件には疑問詞が現れにくい.

(06) <u>どの</u>辞書を引け<u>ば</u>この漢字の意味が分りますか?　　(蓮沼ほか2001)

　　　cf.*この辞書を引け<u>ば</u>,<u>何</u>が分りますか?　　　　(蓮沼ほか2001)

　このように,後件成立のための＜必須条件＞を表すバ形式は,「<u>前件が成</u>
<u>立してはじめて後件が成立する(Ⅰ)</u>」という意味,即ち「<u>前件が成立しない</u>
<u>と後件が成立しない(Ⅱ)</u>」といった後件成立のための＜必須条件＞読みにな
る傾向が強い形式である.そのため「(後件成立のために)<u>どうすれば</u>いいの
か(Ⅲ)」といった疑問形を用いることが可能である.

　上で取り上げたバ形式は他の形式ト・タラよりは＜必須条件＞読みにな
る傾向が多いが,実は日本語には＜必須条件＞の特徴Ⅰで取り上げた「て
(はじめて/こそ)」以外に「(時/場合)だけ」なども＜必須条件＞を表す形式で
ある.このような形式は従来日本語の条件形式として研究されてない分野
である.本論では＜必須条件＞読みになるこれらの形式を整理してみるこ
とにする.

　結論qに至るには,条件p_1,p_2,p_3すべてをクリアしなければならない.
どれ一つ欠けても成立しないことを表す.即ち,どれも結論qが成立する
ための必須条件である.このような必須条件構造は,普通結論qが前提で
条件pが焦点になる.

(07) 図:＜必須条件＞　　$p_1 \longrightarrow p_2 \longrightarrow p_3 \longrightarrow q$

　例を挙げて説明すると次のようになる．例えば(08)のように，大学に入学するためにはセンター試験，二次試験両方と面接試験すべてにパスする必要があることを表す．

(08)センター試験，二次試験と面接試験に合格すれば，大学に入学できる．

(08')図：p_1＝センター試験，p_2＝二次試験，p_3＝面接試験

| センター試験 |→| 二次試験 |→| 面接試験 |→大学に入学できる

3.1　＜先決条件＞を表す「pてはじめてq」

　結論qが成立するためには，条件p_1，p_2，p_3すべてをクリアしなければならないが，とにかく最初にp_1をクリアすることが必要となるとの意味を表す．即ち，＜先決条件＞とは後件成立するためには，他の条件より最も最初にクリアしなければならない条件を表す．

(09 図：＜先決条件＞　　p_1──→p_2─→p_3──→q

(10) 呼吸できてはじめて人間は生きられる．(呼吸到空气,人才能活着.)
　　　 cf.??呼吸さえできれば人間は生きられる．(??只要呼吸到空气,人就能活着.)

(11) 京阪電車に乗りさえすれば，30分で大阪に着ける．
　　　 cf.*京阪電車に乗らないと，30分で大阪に着けない．　　　(誘導推論)

　但し，「pてはじめてq」は後述する「(時/場合)だけ」とは違って「その条件が成立するだけで，後件が成立する」といった意味合いをもっていない．そのため最低条件を表す「pさえ(すれ)ばq」と置き換えができない．「pさえ(すれ)ばq」は＜最低条件＞を表しており，(11)のように「30分で大阪に着ける」方法を「京阪電車」以外の「近鉄，JR」などは条件として排除されず，「自者(京阪電車 p_1)肯定，他者(京阪電車 p_1以外のp_2，p_3など)も肯定」であるが，「自者(京阪電車)に載る」条件を満たせば，特に「他者(京阪電車以外のp_2，p_3など)に乗る」必要はないので「他者不要」になる(詳しくは沼田(2009)参照)．従って，「pさえ(すれ)ばq」が表す＜最低条件＞は「自者(京阪電車)肯定，他者(京阪電車以外)も肯定」であり，「前件が成立しないと後件が成立しない」と言った誘導推論はできない(11cf)．つまり後件成立に必ず必要な条件とは言えず，＜必須条件＞の分類に入られないのである．

　一方，＜先決条件＞は結論qが成立するためには，条件p_1，p_2，p_3などが

必要だが，そのうちp_1（呼吸できる）を最も最初にクリアしなければならない条件として取り上げている．「人間が生きられる」ためには「呼吸できる（p_1）」ことが先決条件で（自者（p_1）肯定），人間が生きるための他の必須条件も否定しない（他者（p_2，p_3，…）も肯定）．それは人間が生きるためには最初に「呼吸できる」という条件をクリアする必要はあるが，これだけでは「生きられる」という後件qが成立するとは限らないからである．＜最低条件＞と＜先決条件＞意味特徴は次の(12)(13)のようになる．

(12)＜最低条件＞：「自者肯定，他者も肯定，但し他者不要」

(13)＜先決条件＞：「自者肯定，他者も肯定，且つ他者必要」

3.2　＜最重要条件＞を表す「pてこそq」

結論qが成立するためには，条件p_1，p_2，p_3すべてをクリアしなければならないが，そのうち最も重要である条件p_2をクリアすれば，後はなんとかなるという意味を表す．即ち，＜最重要条件＞は，その条件が他の条件より最も重要であるという捉え方になる．そのため＜先決条件＞を表す「pさえ（すれ）ばq」に置き換えができないし，置き換えが可能だとしても表す意味は異なる(15cf、16cf)．

(14) 図：＜最重要条件＞　　$p_1 \longrightarrow p_2 \longrightarrow p_3 \longrightarrow q$

(15)虎穴に入ってこそ虎子を獲る．

cf.＃虎穴に入りさえすれば虎子を獲る．

(16)頭を使うのが好きでこそ，科学者になれる．

科学知識完備 $\longrightarrow$ 頭を使うのが好き $\longrightarrow$ 失敗を諦めない $\longrightarrow$ 科学者に成れる．

cf.＃頭を使うのが好きでありさえすれば，科学者になれる．

(16)では，科学者になるためには，いくつかの条件が必要だが，「科学基礎知識具備（p_1）」が最初にクリアしなければならない条件であるかもしれないが，「頭を使うのが好き（p_2）」であることが最も重要な条件であることを意味する．＜最重要条件＞は下記の(17)の意味特徴を持っている．

(17)＜最重要条件＞：「自者肯定，他者も肯定，且つ他者必要（他者無視）」

コソは「とりたてられる要素がまさにそうであると強調し，同類の他の要素については，そうでないと積極的に否定するわけではない．この点でダケ

とは違う」(沼田1992：26). 後件成立のための幾つかの必須条件のうち, 最
も重要な条件をクローズアップして取立てる. ＜最重要条件＞は,（18)の
ようにその条件が最重要であるという捉え方になる. そのため, その条件
がいわば焦点化され, その条件が成立するだけで, 後件が成立するといっ
た＜唯一条件＞として解釈される場合(18cf)もある.

(18)彼を仲間にして<u>こそ</u>, プロジェクトは成功する.

　　cf.彼を仲間にした<u>時だけ</u>, プロジェクトは成功する.

3.3　＜唯一条件＞を表す「p(時/場合)だけq」

＜唯一条件＞とは結論 qが成立するためには, 条件 pだけをクリアすれば
いいという意味で, 結論 qに導くのに必要な条件としてpしかないと言う意
味である.

(19) 図：唯一条件　p──→q

(20)＜唯一条件＞：「自者肯定, 他者は否定, その為他者不要(他者排除)」

取り立ての副助詞ダケは,「選択関係にある要素のうち取り立てられる要
素は当該要素以外にはない」といったある意味での限定(したがって他の考
え得る要素の排除でもある)を表す. 即ち, ＜唯一条件＞であるpさえクリ
アすれば当然(自然に)qになるという意味で, 会話の含意として＜最低条件
＞を含意することになる(21cf). ①

(21)この赤ちゃんは歌を聞いた<u>時だけ</u>泣き止む.

　　cf.この赤ちゃんは歌を聞き<u>さえすれば</u>泣き止む.

以上の＜必須条件＞形式と＜最低条件＞の意味特徴をまとめると次の表
のようになる.

---

① その点, 沼田(2000)では似たような指摘がある.「ダケが条件節中にある場合, 最低条件
　のサエとほぼ同義に解釈できる場合がある」(沼田2000：182)(彼(ダケを/サエ)仲間にすれ
　ば, プロジェクトは成功する).

＜表2＞＜必須条件＞形式と＜最低条件＞の意味特徴

		自者	他者	（自者に焦点がある上で）他者の必要性
必須条件	先決条件	肯定	肯定	他者必要
	最重要条件	肯定	肯定	他者必要（他者無視）
	唯一条件	肯定	否定	他者不要（他者排除）
最　低　条　件		肯定	肯定	他者不要（他者特に必要無し）

4　中国語の＜必須条件＞

第2節で触れたように中国語でも＜必須条件＞を表す"（只有）p，才 q"がある．つまり"p，才 q"と唯一である意味の"只有"を加えた形式"只有 p，才 q"がある．また，中国語には日本語の＜最低条件＞形式「pさえ（すれ）ばq」に対応する"（只要）p，就 q"がある．

　中国語での＜必須条件＞も＜先決条件＞＜最重要条件＞＜唯一条件＞で分類できるが，すべて"p，才 q"か"只有 p，才 q"で表す．

4.1　＜先決条件＞を表す"（只有）p，才 q"

(22)a.只有呼吸到空气，人才能活着.（呼吸できてはじめて人間は生きられる．）

　　b.呼吸到空气，人才能活着.（呼吸できてはじめて人間は生きられる．）

　　cf.*只要呼吸到空气，人就能活着.（*呼吸さえできれば人間は生きられる．）

この場合では"只有 p，才 q"か"p，才 q"，どちらでも可能であり，表す意味もほぼ一致していると言える．「人間が生きる」ためには「呼吸できる」ことが＜先決条件＞であることは言うまでもないことである．この場合は「人間が生きる」ためには「呼吸できる」ことで十分だと言う意味の＜最低条件＞の"（只要）p，就 q"で表すことができない．この点は3.1の日本語の「pてはじめてq」と似ている．

4.2　＜最重要条件＞を表す"（只有）p，才 q"

　＜最重要条件＞の場合も上記の＜先決条件＞と同じく"（只有）p，才 q"で

表す.

(23) a. 只有爱动脑子,才能成为科学家.（頭を使うのが好きでこそ科学者に
　　　　なれる.）

　　b. 爱动脑子,才能成为科学家.（頭を使うのが好きでこそ科学者になれ
　　　　る.）

　cf. *只要爱动脑子,就能成为科学家.（*頭を使うのが好きでありさえ
　　　　すれば，科学者になれる.）

　この場合は"成为科学家（科学者になれる）"ために必要な条件のうち"爱
动脑子（頭を使うのが好きである）"ことが一番重要であることを表す. こ
の場合も＜最低条件＞の"（只要）p,就 q"と置き換えができない(23cf).

4.3　＜唯一条件＞を表す"只有 p,才 q"

　中国語の"只有"は取立て詞「だけ」とほぼ同じ意味である.「名詞の前に置
かれ，それが唯一の事物または状況であることを表す.〔只有他是去南京
的,别人都去上海〕彼だけが南京へ行って，あとの者は上海へ行く.」（大修
館書店『中日大辞典』）. つまり唯一の事物または状況を表す"只有"は条件形
式"p,才 q"と前後相照応して＜唯一条件＞を表す. ＜唯一条件＞の"只有 p,
才 q"は日本語の場合と同じく＜最低条件＞の"只要 p,就 q"と置き換えが可
能である(24cf，25cf).

(24) 只有孔乙己到店,才可以笑几声./孔乙己が店へ来た時だけ，やっとち
　　　ょっと笑うことがある）大修館書店『中日大辞典』

　cf. 只要孔乙己到店,就可以笑几声.

(25) 只有社会主义才能救中国,只有中国特色的社会主义才能发展中国.（社
　　　会主义の場合だけ中国を救える，中国特有の社会主义の場合だけ中
　　　国の発展が可能である）

　cf. 只要社会主义就能救中国,只要中国特色的社会主义就能发展中国.

4.4　日中両語の＜必須条件＞形式のまとめ

　上で考察した日中両語の必須条件形式をまとめると次の図のように
なる.

＜表3＞日中両語の条件形式の意味特徴及び対応関係

		自者	他者	他者必要性	日本語	中国語
必須条件	先決条件	肯定	肯定	他者も必要	p てはじめて q	(只有)p, オ q
	最重要条件	肯定	肯定	他者も必要	p てこそ q	(只有)p, オ q
	唯一条件	肯定	否定	他者絶対不要	p(時/場合)だけ q	只有 p, オ q
最低条件		肯定	肯定	他者もう不要	p さえすれば q	只要 p, 就 q

　まず，＜必須条件＞の下位分類としての3分類は形式的な差異が見られる．日本語ではそれぞれ「pてはじめてq」「pてこそq」「p(時/場合)だけq」で表すが，中国語では基本的に＜先決条件＞と＜最重要条件＞が共に"p, オ q"か"只有 p, オ q"で表す．つまり，唯一であることを表す"只有"が唯一でなく「他者も必要」である＜先決条件＞と＜最重要条件＞の場合でも使われている(この点については5節で詳しく述べる)．

　次に，＜唯一条件＞が表す「他者絶対不要(他者否定)」であることは，ある意味では「他者もう不要(他者肯定)」であると捉えることも可能である．つまり「他者絶対不要」だから「他者もう不要」になると言える．そのため「p(時/場合)だけq」は「pさえ(すれ)ばq」に置き換えが可能になる(「p(時/場合)だけq」⇒「pさえ(すれ)ばq」)．その逆(「pさえ(すれ)ばq」⇒「p(時/場合)だけq」)は成立しないのである．それは「他者肯定」はするが「他者もう不要(他者特に必要無し)」であることから「他者絶対不要(他者否定)」であるとの意味を引き出すことができないからである．

5　対訳例からみた日中両語の＜必須条件＞対応関係

　4節で取り上げた日本語の＜必須条件＞の3パターンと"只有 p, オ q"の対応関係を明らかにするため『日中対訳コーパス』の日本語小説の全部を対象に「て始めて」「てこそ」「(時/場合)だけ」の対訳例数を集めた．更に「さえ(すれ)ば」との関係も明らかにするためは「さえ(すれ)ば」も統計の範囲に入れ

た．但し「さえ(すれ)ば」は用例数が多かったため，日本の小説9作品①に限って統計を行った．

<表4>日本小説における中国語訳の統計

	てはじめて	てこそ	(時/場合)だけ	さえ(すれ)ば
①[p，就 q]	1	2	1	3
②[只要 p，就 q]	0	0	1	8
③[只要 p，q]	0	0	1	26
④[p，才 q]	**24**	**14**	7	0
⑤[只有 p，才 q]	7	**13**	**10**	1
⑥[只有 p,q]	0	0	2	0
⑦[その他]	1	1	3	3
⑧[p，q]	0	3	7	4
合計	33	33	32	45

　上記の表4から分かるように，「さえ(すれ)ば」は基本的に"只要 p,q"か"只要 p,就 q"に，「てはじめて」は"p,才 q"に，「てこそ」は"p,才 q"か"只有 p,才 q"に，「(時/場合)だけ」は"只有 p,才 q"に訳される傾向があると言える．これらの各項目を更に図に示すと次のようになる．

_____

① 　『ノルウェイの森』『羊をめぐる冒険』『ダンス・ダンス・ダンス』『五体不満足』『三毛猫ホームズの怪談』『三毛猫ホームズの恐怖館』『三毛猫ホームズの推理』『三毛猫ホームズの幽霊クラブ』『三毛猫ホームズの追跡』計9作品。

<図2>「pてはじめてq」

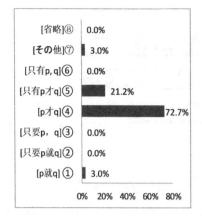

<図3>「pてこそq」

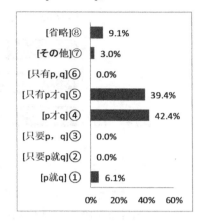

<図4>「p(時/場合)だけq」

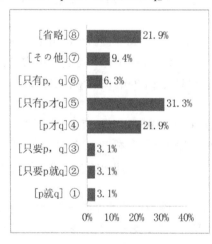

<図5>「pさえ(すれ)ばq」

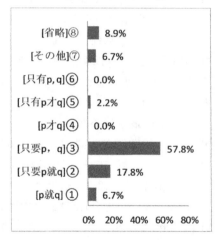

　図2〜図4から見ると全体的に④[p，才 q]，⑤[只有 p，才 q]と⑧[p，q]（省略）が数として大多数を占めている．つまり，図2と図3は④[p，才 q]⑤[只有 p，才 q]が一番多く，図4は④[p，才 q]⑤[只有 p，才 q]と⑧省略（[p，q]）の3パターンが一番多い．図2〜図4からこれらの3パターンだけを取出してまとめると次の図6のようになる．

<図6>　＜必須条件＞三形式と"（只有）p，才q"の対応関係

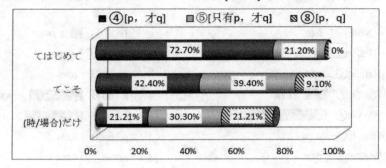

　「pてはじめてq」は "p，才q"に訳される場合が圧倒的に多く（72.7%），「て
こそ」は"p，才q"（42.4%）か"只有 p，才q"（39.4%）とどちらかに訳される場
合が多い．その一方，「p（時/場合）だけq」は"只有 p，才q"（30.3%）"p，才q"
（21.2%）と"p，q"（21.2%）にそれぞれ訳される傾向がある．以上の図6から
次の結論と問題点が得られる．
　結論1：＜先決条件＞の「pてはじめてq」は意味的に中国語の必須条件形式
"p，才q"に近い．（問題点①："只有 p，才q"は＜唯一条件＞を表す形式であ
るにも関わらず，なぜ「pてはじめてq」を"只有 p，才q"に訳す例が21.2%も
あるのか．）
　結論2：＜最重要条件＞「てこそ」も意味的に中国語の必須条件形式"p，才
q"に近い．（問題点②："只有 p，才q"は＜唯一条件＞を表す形式であるにも
関わらず，なぜ「てこそ」を"只有 p，才q"に訳す例が39.4%もあり，第一義
である"p，才q"の42.4%に近いのか．）
　結論3：「p（時/場合）だけq」は中国語では＜唯一条件＞の第一義である"只
有 p，才q"に対応するだけでなく，省略型"p，q"で表す場合が多い．（問題点
③："只有"は唯一の「だけ」の意味であるから「p（時/場合）だけq」は"只有 p，
才 q"と意味的に一致すると思うが，どうして省略型"p，q"で表す場合も多
いのか．）
　問題点解釈：
　①中国語の"才"は全部五つの意味用法をもっており，＜必須条件＞の"p，
才 q"はそのうちの一つの用法に過ぎない（第2節図2参照）．"只有"と共起す
ることによって当該の"才"が条件形式であることを顕在化することにな

る．従って"只有 p, オ q"は＜唯一条件＞だけでなく＜必須条件＞全般を表す有標形式として使われていると考えられる．

②"只有 p, オ q"は＜必須条件＞全般を表す有標形式である以外にも＜最重要条件＞は＜唯一条件＞読みになる場合が多い（第3節の例18解釈参照）ため「てはじめて」より"只有 p, オ q"の対訳例が多くなっていると考えられる．

③＜必須条件＞のうち，＜唯一条件＞だけが前件と後件の結び付きが一番強く，中国語では「条件(p)」と「結論(q)」の論理的結びつきが強い場合は接続形式を用いず，省略型"p, q"で表す場合が多い（詳しくは井上(2003)参照）．

6　おわりに

本論では必須条件を表す"只有 p, オ q"とそれに対応すると思われる日本語の三形式「てはじめて」「てこそ」「(時/場合)だけ」らと比較対照した．この三形式はそれぞれ＜必須条件＞の下位分類として＜先決条件＞，＜最重要条件＞と＜唯一条件＞に分けられるが，＜最低条件＞とこれらの条件との論理関係は取立て詞「さえ・こそ・だけ」などの立場から考察する必要もあり，この点今後の課題にしておきたい．

第8章
反事実仮定について

第1節　日本語の反事実仮定について

1　条件文における反事実仮定の位置

1.1　仮定文と事実文

条件文には，動作の連続など既然の事実を表す事実文と，事実に関係なく，仮にそうだと想定したら，既に成り立っている事実を元に，結果を推論する仮定文がある．

事実文：動作の連続，発見，きっかけなど

仮定文：一般仮定と反事実仮定

事実文：

(01) ドアを開ける<u>と</u>(たら)，父が倒れていた．　　　　　　　　＜発見＞

(02) 兄が殴る<u>と</u>(たら)，弟が泣き出した．　　　　　　　　＜きっかけ＞

(03) 男は鍵を取り出す<u>と</u>，ドアを開けた．　　　　　　＜動作の連続＞

1.2　一般仮定と反事実仮定

仮定文は，その分類が難しいが，過去・現在・未来という立場から分類すると次のようになる．③のbが反事実仮定であり，それ以外の普通一般仮定としている．

① 未来のことについての仮定(が未定の事態 pの成立を仮定する場合)

(04) 明日，天気がよかったら海に行きましょう．

(05) 彼女に会ったら，よろしくお伝え下さい．

② 現時点である程度決まっていることで，仮定を表す副詞「モシ」と普通共起しない．

　　　a.現在，どちらであるか確かめうることで，まだ明らかでないこと．

(06) この窓を開ければ，港が見えるはずです．

　　b. 現時点である程度決まっている未来のこと.

(07) 目が覚めたらすぐこれを飲んで下さい.

(08) 時がたてば, 彼も元気になりますよ.

　　c.　pが事実文(現在すでに起こったこと, 確定したこと.)

(09) ここまで来れば, もう大丈夫だ.

③ 過去のことについても, 「仮定」による条件表現があります.

　　a. 前件が実現されたかどうか不明だが, 実現されたと仮定する場合

(10) 飛行機が定刻に向こうを出たなら, そろそろ着くころだ.

　　(定刻に出たかどうか知らない.)

　　b. 反事実仮定:事実とされることが起こらなかったと仮定する場合

(11) この単位さえ落とさなければ, 卒業できたのに.

　　(事実:その単位を落としたから, 卒業できなかった.)

　以上のように, 仮定文とは, 基本的に仮定的な事態を条件に結果を推論する文であるが, 反事実仮定は, 事実を元にその事実が起らなかった場合を想定した仮定文であり, 他の仮定(一般仮定)とは本質的に異なる点があるといえるだろう.

2　反事実仮定文の文法的特徴

　「英語などの西欧語と違い, 日本語には, 反事実的な条件を示す形式は存在しないといってよい」(田窪1993. p169)とされる. だが, 「『状態性』が反事実性, あるいは, より一般的に『非現実性』と結びついていることは, 従来から指摘がある」(田窪1993. p170). ここでは, 状態・非状態, 否定・肯定と反事実との関わりについて見ることにする.

2.1　状態形と非状態形

　「条件形の『─れば』『─たら』は, 設定時の状態に対する仮定を述べる形式である. そして, 非状態形は, 設定時以後の分岐的条件を定義することになり, 設定時における反事実的な仮定を含まない. 設定時において, 当該の出来事はいまだ成立していないからである. 一方, 状態性の述語の場合は, 設定時における状態を述べる形式である. したがって, 話し手が真偽を知っている状態について仮定を述べるとすれば, それは反事実的になら

ざるを得ないわけである」(金水2000, p90). 但し, 状態形の反事実仮定は
あくまで「話し手が真偽を知っている」上での仮定である. 真偽を知らない
場合には, 一般仮定にしかならない. これを図に示すと次のようになる.

(12) 非状態形：

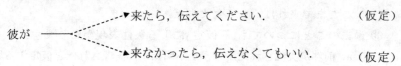

彼が　　　　　　　▶来たら, 伝えてください.　　　　　　　（仮定）

　　　　　　　　　▲来なかったら, 伝えなくてもいい.　　　　（仮定）

(13) 状態形：

　　　彼が来ていれば, 大変なことになっただろう.　　　（反事実仮定）

　　　彼が来なかったから, 大変なことにならなかった.　　　　（事実）

2.2　命題否定とモダル否定

　反事実仮定には, 次の(14)のように既に成り立っている事実を否定して仮
定する形式もある.

　(14) もしダムが<u>なかったら</u>, 上流域に降った雨がそのまま下流域に流
れ, 場合によっては, 下流域に被害が発生します.

　反事実仮定には, このような事実を否定する形での仮定が少なくない.
即ち否定が反事実仮定における役割は無視できない存在である(次節で詳
しく述べる). 日本語における否定は従来「命題否定(Propositional
negation)」と「モダル否定(Modal negation)」に分けている. ①

　従って, 「彼は来ない」「彼女は幸せではない」のような文否定において,
次の二つの可能性が常につきまとってこざるをえない(工藤2000, p96).

　(15) [彼が来ないこと, 彼女が幸せでない]ことを[断定する]←命題否定

---

① 　工藤2000では, Propositional negationを＜属性の非存在＞, Modal negation＜話し手の否認
　＞としている(工藤2000, p96). また, 「述語否定(nexal negation)が基本的な否定のありか
　たであるのに対して, 述語以外の要素の否定は有標(special negation)である」
　(jespersen1924)といった分け方もある(工藤2000, p130). 本論では紙幅の関係でこれら分
　類と本論んでいう「述語否定・命題否定」の関係についてふれないことにする.

(16) ［彼が来ること，彼女が幸せである］ことを［否認する］←モダル否定

このような命題否定とモダル否定を図に示すと次のようになる．

(17) 命題否定と肯定

彼が　━━━━━▶来る．　　　　　　　　　　　　　　　　（肯定）

　　　　　　 ▶来ない．　　　　　　　　　　　　　　（否定）

(18) モダル否定と肯定

彼が来る　　　　　　　　　　　　　　　　　　　（肯定）

［彼が来る］ことはない　　　　　　　　　　　　（否定）

　反事実仮定は実際起こった事柄についての否定であり，モダル否定になる．命題否定(17)とモダル否定(18)を仮定文に当てはめると次の図のようになる．

(17') 一般仮定

　　　　　　　　　　　　▶来たら，伝えてください．　　　　　　（仮定）

彼が　━━━━━

　　　　　　　　　　　　▶来なかったら，伝えなくてもいい．　　（仮定）

(18') 反事実仮定

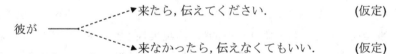

彼が来ていなかったら，大変なことになっただろう．　（反事実仮定）

彼が来たから，大変なことにならなかった．　　　（事実）

　(18')のような反事実仮定は，基本的に「彼が来た」という事実を否定することなのでモダル否定になる．但し，日本語には(17),(18)のように命題否定とモダル否定を識別する有標形式を持っていない．

第2節　反事実仮定における日中対照

1　はじめに

仮定文とは，基本的に仮定的な事態を条件に結果を推論する文であるが，反事実仮定は，事実を元にその事実が起らなかった場合を想定した仮定文であり，他の仮定（一般仮定）とは本質的に異なる点がある．日本語には，反事実的な条件を示す形式は存在しないといってよいとされているが，中国語では反事実的な条件を示す形式「要不是 P，就 Q」がある．

(01)a. 日射病などという，不測の事態に邪魔だてされさえしなければ，
　　　あれでもけっこう上手くいっていたはずなのだ．

安部公房『砂の女』

　　b. 要不是那被称作"日晒病"的不测事态作梗，那事情本该能做好的.

杨炳辰 张义素 等 译《砂女》

本論ではこのような日中両語の反事実仮定の相違について考察する．

2　従来の研究

「英語などの西欧語と違い，日本語には，反事実的な条件を示す形式は存在しないといってよい」（田窪1993，p. 169）とされる．だが，「『状態性』が反事実性，あるいは，より一般的に『非現実性』と結びついていることは，従来から指摘がある．」（田窪199，p. 170）．中国語では，反事実仮定専用形式"要不是 P，就 Q"とその拡張形式"幸亏 P，否则 Q"などがあり，一般仮定と反事実仮定どちらでもいえる"如果不是 P，就 Q"があるとされている（詳しくは邢福义2001参照）．仮定文とは，基本的に仮定的な事態を条件に結果を推論する文であり，反事実仮定とは本質的に異なる点があるといえるだろう．反事実仮定と一般仮定の本質的違いを明らかにするためには，状態・非状態，肯定・否定との関わりをまず考察する必要がある．

3　否定と反事実性

3.1　否定と否定のスコープ

反事実仮定は，基本的に既に成り立っている事実を否定して仮定する形式である．つまり反事実仮定における否定の役割は無視できないので

ある.

　論理学的な否定は文章全体を否定しているのですが，自然言語，特に日本語では部分的な否定に聞こえることが多いといえる（20b）．ここで問題になるのが，文全体の否定か部分的否定かである(21).

（02）a. 全ての人が車を持っている.　　　　　　　　　　　　（肯定）

　　　b.全ての人が車を持っているというわけではない.　　　（否定）

　　　（解釈：誰ひとりとして車を持っていない.）

（03）a. 全ての人が［車を持ってい]ない.　　　　　　　（述語否定）

　　　（解釈：誰ひとりとして車を持っていない.）

　　　b.［全ての人が車を持ってい]ない.　　　　　　　（命題否定）

　　　（解釈：車を持っていない人が少なくとも一人いる.）

　（03a)の否定のスコープは述語であり，（03b)の否定のスコープは文全体（命題）である．本論では前者を「述語否定」，後者を「命題否定」と呼ぶことにする.

　一般仮定と反事実仮定の文法的相違は「述語否定・命題否定」と「述語の状態形・非状態形」と深く関わりがある．その点，金水・工藤・沼田（2000）では次のように指摘している．「条件形の『ーれば』『ーたら』は，設定時の状態に対する仮定を述べる形式である．そして，非状態形は設定時以後の動的な段階の進展を述べるので，非状態形の『ーれば』『ーたら』は，設定時以後の分岐的条件を定義することになり，設定時における反事実的な仮定を含まない．設定時において，当該の出来事はいまだ成立していないからである．一方，状態性の述語の場合は設定時における状態を述べる形式である．したがって，話し手が真偽を知っている状態について仮定を述べるとすれば，それは反事実的にならざるを得ないわけである」（金水・工藤・沼田2000,p.90).

　一般仮定は普通，非状態形述語を用いる場合が多く，述語の肯定・否定の前の段階に設定時が置かれている．言い換えると一般仮定は設定時以後の述語の肯定・否定の段階を分岐的条件として定義することであり，設定時において，当該の出来事はまだ成立していないからである（04).

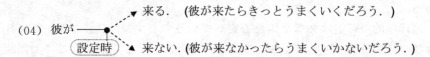

（04）彼が━━●┄┄➤来る．（彼が来たらきっとうまくいくだろう．）
　　　　　　設定時┄➤来ない．（彼が来なかったらうまくいかないだろう．）

　状態性の述語の場合は，設定時における状態を述べる形式である．話し手が事実としてその真偽を知っている状態について仮定を述べるとすれば，それは反事実的にならざるを得ない．つまり真偽を知っている事実を否定してはじめて反事実仮定になる．日本語では事実（既存の状態）を否定する場合，基本的に「ている」形で表す(05)．

（05）事実文の肯定・否定の否定：

　　　a.肯定述語の否定：[彼は来た]ことを否定⇒[彼はきていない]

　　　b.否定述語の否定：[彼は来なかった]ことを否定⇒[彼は来ている]

その点「『状態性』が反事実性，あるいは，より一般的に『非現実性』と結びついていることは，従来から指摘がある」(田窪1993，p.170)．事実（既存の状態）を否定し，それに反する状態を仮定するので反事実仮定の前件は状態形「ている」形で表すのが一般的である(06)．

（06）a. 登美子が生きていれば，自分は今から彼女とその子とを養わなく
　　　　 てはならない．　　　　　　　　　　　　　　　石川達三『青春の蹉跌』

　　　b.如果登美子此刻还活着,那么他就得养活她和孩子.

　　　　　　　　　　　　　　　　　　　　　　　　　金中 译《青春的蹉跌》

　反事実仮定はすでに成り立っている事実に設定時を置いて，設定時における状態について仮定を述べる形式である(25)．したがって，話し手が真偽を知っている状態について仮定を述べるとすれば，それは反事実的にならざるを得ないわけである．

（07）反事実仮定

　　a. 彼が来なかったから，大変なことにならなかった．━●━設定時 （事実）

　　b. 彼が来ていたら，大変なことになっただろう➤ 　　　　　　（反事実仮定）

3.2　状態動詞と反事実仮定

反事実仮定と状態形について，「状態形自体が非現実性と結びついている

のではなく，状態形が既に決定している現実を指し，それを仮定するところに，反事実性が生じることを示した．ここで述べたことは，別に日本語に依存するところはさほどないので，英語や他の言語における条件文の反事実解釈と変わるところはないはずである」（田窪1993，p.181）とされる．

　英語でも反事実的にするためには，（08）のIf I were a birdのように，状態形にする必要がある．

　（08）If I were a bird，I could fly to her at once．　　　　　（田窪1993）

　　　（私が鳥であったら，すぐに，彼女のところへ飛んでいくのに．）

　状態形には，テイル形と状態動詞がある．テイル形に関しては，「日本語のアスペクト（スル／シタ，シテイル／シテイタ）は事象と時間軸の結びつけ方を表す表現であり，中国語の『アスペクト第一類』が時象の形を表すのとは本質的なところで異なるのである」（井上2001b，pp.28－29）とされる．そのため本論では，日本語のテイル形とそれに対応する中国語の形式との関連については考察せず，状態動詞に限って反事実仮定との関連について考察することにする．

　日本語では従来から「状態性」が反事実性，あるいは，より一般的に「非現実性」と結びついているとの指摘がある．状態述語「だ・である」「知る・分かる」場合の例を挙げる．

　（09）世界がもし100人の村だったら，89人が異性愛者で11人が同性愛者．
　　　　　　　　　　　池田香代子 著『世界がもし100人の村だったら』

　（10）私が鳥であったら，すぐに彼女のところへ飛んでいくのに．

　　　　　　　　　　　　　　　　　　　　　　　　　　　　（田窪1993）

　（11）もしも，義経が社内根回しの大切さを知っていたら，…．
　　　　　　　　　鈴木輝一郎 著『もしも義経にケータイがあったなら』

　但し，状態形の述語を用いる条件文が必ずしも反事実仮定とは限らない．それは日本語には反事実的な条件を示す有標形式が存在しないからである．

　（12）柴咲コウの「帰り道」の歌詞を知っていたら教えてください．

　　　　　　　　　　　　　　　　　　　　　　　　　　　　（自作例）

　日本語の「だ」「である」「知る」「分かる」に当たる中国語の状態動詞"是

（だ/である）"知道（知る）""明白（分かる）"も，中国語の反事実仮定と深く関わりがある．まず，コピュラとしての状態動詞"是"とその否定形"不是"の意味・用法について確認する．

（13）我是中国人，他是日本人．/私は中国人です，彼は日本人です．

（14）我不是中国人，他不是日本人．/私は中国人ではない，彼は日本人ではない．

　状態動詞"是"とその否定形"不是"はある存在・状態もしくは属性についての肯定・否定である（属性の存在・非存在）．

　次に，中国語の仮定形式"如果 p, 就 q"と状態動詞についてふれる．日本語では，状態性が反事実性，あるいは，より一般的に非現実性と結びついていることは，従来から指摘があるが「状態形自体が非現実性と結びついているのではなく，状態形が既に決定している現実を指し，それを仮定するところに，反事実性が生じることを示した．」（田窪1993，p.181）とされるがその点中国語でも同じことがいえる．

　中国語の仮定形式"如果 p, 就 q"も前件が状態形を用いる場合，反事実仮定を表す場合が多い．

　"如果"は日本語の「もし」の意味に近いものであって，"如果 p, 就 q"は「もしp（たら/ば），q」に近い形式である．日本語のト・タラ・バ形式は事実文も表し得るが，中国語の"如果 p, 就 q"仮定専用の形式である．それは副詞"如果"が仮定を表すからである．

（15）如果没有丰富的知识，就不可能有丰富的联想．

（初级中学《语文》第一册）

　　（モシ豊富な知識を持っていなければ，いいアイディアが浮かばない．）

（16）你如果能来，就把图纸一起带来．　　　　　　　　（自作例）

　　（モシおいでになるなら，図面をついでに持ってきてください．）

　状態述語を用いる仮定文は中国語でも日本語と同様反事実仮定になる場合が多い．

（17）如果我是一只鸟，我就会飞到你的身边去的．　　　（自作例）

　　（私が鳥であったら，すぐに，彼女のところへ飛んでいくのに．）

（18）如果我是他，我决不会原谅你的．　　　　　　　　（自作例）

（もし私が彼だったら，私はあなたのことを絶対許せない）

(19) 如果<u>知道</u>他来，我昨天就来了．　　　　　　　　　　　（自作例）

（もし彼が来るのを知っていたら，私は昨日とっくに来たはずなのに）

但し，中国語も日本語と同じく状態形条件文といって必ずしも反事実仮定とは限らない．(20)は状態形を用いた一般仮定の例である．

(20) 如果她<u>是</u>个单纯的孩子，那就让她单纯一辈子，如果他只<u>是</u>个孩子．那就让他活得像个孩子．　　　　　　　　　　　（自作例）

（もし彼女が純粋な子であれば，彼女に純粋な人生を送らせよ，もし彼女がただの子供であれば，彼女に子供のように生きらせよ．）

以上のように，中国語も日本語と同じく「状態性」が反事実性，あるいは，より一般的に「非現実性」と結びついている点について確認したが，中国語の形式を整理すると，次のようになる．

(21)① 仮定専用形式：　　"如果 p，q 就"

② 状態動詞と共起する場合：

"如果＋是 p，就 q""如果＋知道 p，就 q""如果＋明白 p，就 q"

しかしながら，中国語は日本語と違って反事実仮定を示す有標形式が存在するのである．反事実仮定の専用形式"要不是 p，就 q"については次節で述べる．

4　"要不是 p，(就)q"の反事実性

4.1　"要不是 p，(就)q"の仕組み

"要不是 p，就 q"の"要不是"は"要"＋"不是"であり，"要"はモシの意味で日本語の「モシ…でなければ（なかったら）」の意味に近い．

(22) <u>要不是</u>老师细心指导，恐怕写不出博士论文

（先生の丁寧な指導がなければ，博士論文は書けなかっただろう．）

(22)の場合，もし「先生が丁寧に指導する（老师细心指导）」こと（事態）が存在しなかったと仮定するなら，博士論文は書けなかったという意味で，構文的構造を図で示すと次のようになる．実は"要不是"は分割できない一つの語であり後述する"如果不是"とは異なる．そのため点線枠で表示して

いる.

(23)

| 要 | 不是 | 老 師 細 心 指 導 |

cf. 日本語訳　　もし | 先生が丁寧に指導する | ことがない たら・ば

　　"不是"は状態の否定であり，"要不是"の"不是"は(41)のような構文的位置からすると命題否定になる. 図に示すと次の(42)のようになる.

(24)　a. 就是因为老师的细心指导，我才能写出博士论文了 設定時　　　(事実)

　　b. 要不是老师细心指导，恐怕写不出博士论文.　　　　　　(反事実)

　　cf. 日本語訳 :

　　a. 先生の丁寧な指導があったから，博士論文はかけた 設定時　　(事実)

　　b. 先生の丁寧な指導がなければ，博士論文は書けなかっただろう.

　　　　　　　　　　　　　　　　　　　　　　　　　　　　　　(反事実)

　　従って，このような命題否定は，次の述語否定とは本質的に異なる. 述語否定を用いる仮定は，非状態形と同じく，設定時以後の分岐的条件を定義することになり，設定時における反事実的な仮定を含まない. 設定時において，当該の出来事はまだ成立していないからである.

　　(25) 述語否定：如果老・不指・・文，就写不出博士・文.

　　(25') 　述語否定：　　　　　→ 指導论文，就能写出博士论文.

　　　　如果老师　●
　　　　　　　設定時　　　→ 不指导论文，就写不出博士论文.

　　　　cf. 日本語訳 :　　　　→ あれば，博士論文は書ける.

　　　　もし先生の指導が ●
　　　　　　　設定時　　　→ なければ，博士論文は書けない.

　中国語の条件文研究では“要不是 p, 就 q”がどうして反事実仮定の専用形式になるか（“要不是”のスコープの中の文がどうして既然の事態を表すか）という点についてはまだ明快な結論がないが，今の時点で言えることは，日中両言語とも反事実仮定は既に成り立っている理由文（26a）から論理的仮定文を導き，その仮定文（26b）の誘導推論として反事実仮定（26c）を導くと考えられる．この点詳しくは次稿で論じたい．

（26）a．XがYを傷つけたから，Yが死んだのだ．　　　　　　　　（理由文）

　　　b．XがYを傷つければ，Yは死ぬだろう．　　　　　　　　　（仮定文）

　　　c．もしXがYを傷つけなかったならば，Yは死ななかっただろう．

　　　　　　　　　　　　　　　　　　　　　　　　　　　　　　　（反事実）

4.2　“如果＋不是 p, 就 q”と“要不是 p, 就 q”の相違

　4.1で触れたように，仮定形式“如果 p, 就 q”の前件に状態動詞“是”が含まれる場合，“如果＋是 p, 就 q”という形式になることを確認したが，その状態動詞“是”の否定の場合“如果＋不是 p, 就 q”形式になる．

　“如果＋不是 p, 就 q”を中国語条件文研究では，“如果不是 p, 就 q”と表記する場合もあるが，この形式は仮定形式“如果 p, 就 q”の前件に状態否定の“不是”を用いる場合の形式であって，一つの独立した条件形式とは言えない．即ち，あくまでも仮定形式“如果 p, 就 q”の一つの用法にすぎない．従って本論では“如果＋不是 p, 就 q”と表記することにする．“如果＋不是 p, 就 q”は構文的構造からすると反事実仮定の“要不是 p, 就 q”に極めて近い．

　“如果＋不是 p, 就 q”と“要不是 p, 就 q”の相違について徐阳春（2002）では次のように述べている．

　「“如果不是”は“要不是”と置き換えが可能であり，その表す意味も殆ど変わりがない．しかしこれらの二つの形式がいつでも無条件に置き換えが可能なわけではない．“要不是 p, 就 q”が表す事態はすべて反事実的特徴をもっており，求因仮定しか表せないのでいつでも“如果不是 p, 就 q”に置き換えが可能である．しかし，“如果不是 p, 就 q”は必ずしも反事実仮定を表すとは限らない．反事実仮定を表さない場合は原因を求める仮定（求因仮定）

でないため"要不是 p, 就 q"に置き換えることができない. 」(抄訳)①

即ち, "如果不是"は反事実仮定を表す場合も一般仮定を表す場合があるのに対して"要不是"は反事実仮定の専用形式であるとのことである. 置き換えが可能な反事実仮定の例と置き換えができない一般仮定の例を挙げる.

○反事実仮定："要不是"⟺"如果不是"

(27) 要不是老师细心指导, 恐怕写不出博士论文.　　　　　　　　（自作例）

　　　 如果不是老师细心指导, 恐怕写不出博士论文.　　　　　　（自作例）

○一般仮定："如果不是"≠"要不是"

(28)a. 俺琢磨着：这肯定是鱼. 如果不是活物是不可能这样抖动的. 妙极啦! 俺钓着啦! 于是用力地拉线.　　　　　　　　刘振瀛 译《哥儿》

　　 cf.*俺琢磨着：这肯定是鱼. 要不是活物是不可能这样抖动的. 妙极啦! 俺钓着啦! 于是用力地拉线.

　　 b. おれは考えた. こいつは魚に相違ない. 生きているものでなくちゃ, こうぴくつく訳がない. しめた, 釣れたとぐいぐい手繰り寄せた.

夏目漱石『坊ちゃん』

以上のことを整理すると, 次のようになる.

"如果＋不是 p, 就 q"は, 仮定形式"如果 p, 就 q"の一つの用法に過ぎない. 反事実仮定を表す場合もあるが, あくまで"如果 p, 就 q"が状態否定"不是"と共起する場合のことであり, 条件を表す独立した形式ではない. それに対して"要不是 p, 就 q"は反事実仮定専用形式である.

5　対訳例から見る日中両語の反事実仮定の対応関係

本論では日本語と中国語の反事実仮定について考察したが, まとめると, 日本語の条件文タラ・バ形式に状態性述語を用いる場合, より一般的に反事実仮定に結びついていると同様, 中国語の仮定形式"如果 p, 就 q"も状態性述語を用いる場合, 反事実仮定を表す傾向があることを確認した.

また, 反事実的な条件を示す専用形式は存在しない日本語とは違って,

------

① 　原文：……"如果不是"与"要不是"可以相互替换, 而不改变基本语义的表达. 但是这两种表达形式也并非在任何情况下都可以无条件替换. "要不是 p, 就 q"所述情况一般都具有反事实的特征, 只用于求因假设, 总可以换说成"如果不是 p, 就 q". 但"如果不是 p, 就 q"所述情况并不一定都具有反事实的特征, 如果不具有反事实的特征, 就不是为求因而假设, 这时就不能换说成"要不是 p, 就 q". (徐阳春2002, pp. 32-33).

中国語には既に決定している現実を否定して仮定する形式"要不是 p,就 q"が反事実専用形式であることも確認した．「状態性」が反事実性，あるいはより一般的に「非現実性」と結びついていることは別に日本語に依存するところはさほどないので，英語や他の言語における条件文の反事実解釈と変わるところはないはずである．そのためここでは中国語の状態動詞"知道""明白"及び"是"とその否定形"不是"を対訳例の考察範囲に入れる．これらの状態動詞は一般仮定形式"如果 p,就 q"の下位分類として"如果＋是 p,就 q"，"如果＋知道 p,就 q"，"如果＋明白 p,就 q"，"如果＋不是 p,就 q"などがある．これらの形式を本論では「状態動詞仮定文」と呼ぶことにする．これらをまとめると次の（29）のようになる．さらに，反事実専用形式"要不是 p,就 q"が日本語で訳されている傾向は次の（30）のようになる．

（29）＜表＞：反事実仮定の日中両語の形式対照

中国語		日本語
如果p，q就	一般仮定／反事実	（もし）……たら・ば
如果＋是 p,就q	一般仮定／反事実	（もし）……であ（れば／ったら）
如果＋知道p,就q	一般仮定／反事実	（もし）…知ってい（れば／たら）
如果＋明白p,就q	一般仮定／反事実	（もし）…分かってい（れば／たら）
如果＋不是p,就q	一般仮定／反事実	（もし）…でな（ければ／かったら）
要不是p，就q	反事実	（もし）…でな（ければ／かったら）

（30）＜表＞：反事実専用形式"要不是 p,就 q"の対訳例数

要不是p，就q	中国小説[1] (計27)	日本小説[2] (計19)	合計 (27+19=46)
（もし）……なければ	9	13	22
状態動詞 ＋ (で)なければ	7	6	13
ていなければ	0	1	1
運動動詞 ＋ なければ	2	6	8
（もし）……なかったら	14	3	17
状態動詞＋(で)なかったら	7	0	7
ていなかったら	1	-	1
運動動詞 ＋ なかったら	6	3	9
なくては	1	0	1
他訳・意訳	3	3	6

---

[1]　「中国小説」とは，中国小説での"要不是 p,就 q"が日本語に訳された例．
[2]　「日本小説」とは，中国語の"要不是 p,就 q"に訳された日本小説での条件形式の例．

　反事実専用形式"要不是 p，就 q"の日中両語の対訳例表(30)からすると，次のような結果が得られた．
　○ 中国小説での"要不是 p，就 q"が日本語に訳された場合の傾向：

(31)　┌(もし)……なければ┐　＋　┌(もし)…なかったら┐

　　　9/27(33.3%)　＋　14/27(51.9%)　＝　23/27(85.2%)

　○ 日本小説での条件形式が"要不是 p，就 q"に訳された場合の傾向：

(32)　┌(もし)……なければ┐　＋　┌(もし)…なかったら┐

　　　13/19(68.4%)　＋　3/19(15.8%)　＝　16/19(84.2%)

　○日本小説・中国小説の対訳例合計からみた中国語の"要不是 p，就 q"と日本語の「状態動詞仮定文」の対応関係：

(33)　┌状態動詞＋(で)なければ┐　＋　┌状態動詞＋(で)なかったら┐

　　　13/46(28.3%)　　　＋　　7/46(15.2%)　　＝　　20/46 (43.5%)

　以上のことから，反事実専用形式"要不是 p，就 q"を日本語では，一般仮定と同じく基本的に「なければ/なかったら」で表すといえる(85.2%)．85.2%を占めている「なければ/なかったら」の下位分類として状態性述語を用いる場合，より一般的に反事実仮定に結びついているとされる「状態動詞＋(で)なければ/(で)なかったら」形式は43.5%である．下位分類のもう一つの形式テイル形による条件形式「ていなければ/ていなかったら」は4.3%しかなかった．これには少し注釈が必要である．反事実仮定の前節は「A：事実文の肯定述語の否定＝(ていなければ/ていなかったら)」か「B：事実文の否定述語の否定＝(ていれば/ていたら)」である(例05a．b 参照)．本論で検索対象にした"要不是 p，就 q"は「A」である．その対訳も当然ながら「ていなければ/ていなかったら」形になる．今回の検索で「A」形式が4.3%しかないことから，日本語では反事実を表す場合「B」形式を多く使われていることが予想される．言い換えると，日本語の反事実仮定文は「B：肯定形(ていれば/ていたら)」を多く使われていて「A：否定形(ていなければ/ていなかったら)」はあまり使われていないことが予想されることである．但し予想はあくまで予想であり，この問題は今後の課題にしておきたい．

第9章
ナラ条件文について

第1節　ナラ条件文の特異性

1　はじめに

　条件表現ト・タラ・バ・ナラのうち，ナラが他の三形式とかなり異なった性格を持つことはよく知られている．網浜(1990)ではナラ形式の特異性を次のように指摘している．

　ト・タラ・バ形式に共通する性格は，条件節に描かれた事態(p)と，主節に描かれた事態(q)の間に，p→qという時間的継起関係が常に成り立つことである．その点で，これらの形式による条件節は，時を表す従属節に連続し，重なるような意味を持っており，pが純粋に仮定的な事態ではない．すなわち，時間が経てば確実に生起するような事態である場合や，過去の既に生起した事態である場合にも，用いることができる．

　(01)明日になれば，仲直りするだろう．

　(02)角を曲がると，郵便局があった．

　これらの文のト・タラ・バをナラに置き換えることはできない．

　(01′)* 明日になるなら，仲直りするだろう

　(02′)* 角を曲がるなら，郵便局があった．

　また，ナラの文の場合，時間的継起関係が保障されず，前後関係がQ→Pのように逆転した場合にも用いられる．

　(03)この本を読むなら，貸してあげます．

　更に重要なことは，ナラを用いて表された条件節は，テンスの対立を示すことができるということである．

　(04)太郎が買うのなら，僕も買うよ．

(05)太郎が買ったのなら，僕も買うよ．

　以上のことから，網浜(1990)では，ナラの機能を，独自のテンスを備えたある事態を真と仮定することにあるとされる．このような他の条件形式と異なる特性を持っているナラ形式は従来の研究ではいろいろな分類がなされているが次にはその分類を整理して見たいと思う．

2　ナラ形式の従来の研究

　ナラ形式は従来，ナラⅠとナラⅡに分けている．大きな違いはナラⅠでのpは既に成り立っている事態もしくは事実と認めている事態が来るのに対して，ナラⅡでのpはあくまで可能な事態として仮定するに過ぎない．そのため，ナラⅡは典型的条件形式ト・タラ・バなどの形式と置き換えが可能な場合が多い．

　このようにナラ形式は大きく二つに分けるものの，従来いろんな立場から分類をしてきた．まず，それらを見ることにする．

2.1　久野(1973)分類と網浜(1990)の分類

　久野(1973)ではナラⅠとナラⅡを次のように定義している．

　ナラⅠ：他者(典型的には聞き手)の意向・主張と，それを根拠とする話し手の発話意図(決意・判断・要求)の関係づけを行うのをその原型的用法にもつ．

　ナラⅡ：ある事態の真偽や実現可能性などに関して取敢えず可能な事態として話し手がP(前件の命題)を設定し，それを土台にしてQ(後件の命題)を導く．

　そのナラⅠの用法について，起きることが確実な出来事は，聞き手の断定を必要としないし，話し手が聞き手の断定を疑う余地がないからナラが用いられないとしている(06)．

(06)*春が来るなら，花が咲きます．

(07)（うだつに上がらない刑事の夫に向かって妻が言う）

　　　「(略)権力側にいるんなら，その中でえらくなってそれを生かす事
　　　を考えなきゃどうしようもないじゃないの．」

(08)（家宅捜査を受けた竹中組の組長が捜査員に怒鳴って言う）

「こんなことするなら，裁判で争ってやる」

（07），（08）のように，客観的に真偽の確定している事態に「なら」が使われていることから，「なら」によって問題にされているのは，「事態の客観的真偽なのではなくて」，前件の命題を「主張したり，意図する，その行為の主である聞き手の気持ち」であるとする．

このように客観的に真偽の確定している事態に使われているナラⅠが条件表現の前件になるのは「他人の心の世界は話し手が確実に知ることのできないものであるから，例え事態そのものは確定しているものであっても，それを主張・意図する聞き手の内面世界は話し手には不確実なものである」と説明している．

（09）（対フィリピンの円借款の決議を急ぐ政府にアメリカの圧力があるとする疑惑がもたれている）中曽根政権の対フィリピン援助をめぐる「疑惑」がこの点だけにあるのなら，歴代自民党政権の「対米追随」のリストに新たな一項目を付け加えるものでしかない．

（10）（帰りの遅い夫を待たずに，妻に牧枝は寝ていることが多い）情事を終えて帰ってくるのを牧枝が知っているなら，それは一つの抵抗とも受け取れる．

南（1974），田窪（1987）で示された文の階層構造と意味の対応から条件節を扱ったものに綱浜（1990）がある。そこでは，ナラとカラがパラレルに捉えられている。綱浜（1990）は，Ｂ段階に属するナラ（ナラb）とＣ段階に属するナラ（ナラc）に分けることを提案している。ここでいうナラb，ナラcは基本的に久野（1973）で言うナラⅡ，ナラⅠにそれぞれ対応する。

（11）もし太郎が出るのなら，彼がピッチャーだろう。　　　　　　　（ナラb）

（12）Ｘ「太郎が試合に出るんだって」

　　　Ｙ「太郎が試合に出るなら，彼がピッチャーだろうね」　　　（ナラc）

（13）ナラb：事態成立の条件 ………………………………………（ナラⅡ）

　　　ナラc：話し手の結論を導くための根拠 ……………………（ナラⅠ）

このようなナラの二つの形式の大きな違いは，それぞれ事実に基づく推

論（根拠による推論）と仮定による推論という点にあると考えられる。

2.2　益岡（2000）の分類

益岡（2000：88－92）ではナラ全体を①〜⑦のように七分類した。

①Pは聞き手から得た情報：「（という）（の）ナラ」，

②聞き手に関して観察される様子：「（の）ナラ」，

③典型的な仮定の表現：「モシ＋ナラ」，

④反事実的条件文：「モシ＋タナラ」，

⑤タラの形式の強調形：「タナラ」，

⑥提題的な機能を持つ：名詞に後続，

⑦Pは現実の事態（話し手が事実と認めている事態：「（の）ナラ」）

ここではナラⅠと関連があると思われる①，②，⑦だけを取り上げる。

①Pは聞き手からの情報（トイウを挿入可能，ノナラと置き換え可能）

　前件で聞き手から得た情報を真であると仮定して，後件で話し手の何らかの判断・態度（種々のムード）を表すという用法である。聞き手から得た情報というものは，Akastuka（1985）や赤塚・坪本（1998）でいう「新規獲得情報（発話の場で得た新情報）」であって，それを真と断定する（事実として扱う）ことはできない。従って，話し手は聞き手から得た情報を真であると仮定するしかないわけである。

（14）A　私は間違ったことは言っていない。

　　　　B　間違っていない（トイウ）のなら，証拠を見せなさい。（益岡2000）

②聞き手に関して観察される様子（ノナラと置き換えが可能）

　発話場面において聞き手に関して観察される様子を前件で表し，後件で話し手の何らかの判断・態度を表すことができる。この場合も，聞き手が現実にどういう状況にあるのかは断言することができず，真であると仮定するしかない。

（15）急いでいるのなら，話は後にしよう。　　　　　　　　　（益岡2000）

（16）お金がないのなら，今払ってもらわなくてもいいよ。　　（益岡2000）

⑦　前件が現実の事態（話し手が事実と認めている事態）を表す。（ノナラ

と置き換えが可能）

(17) 何度説明しても先生に分かってもらえないの<u>なら</u>，もう説明するの
　　は止めることにしよう。　　　　　　　　　　　　　　　（益岡2000）

　　益岡(2000：91－92)では①〜④は「前件においてある事態を真であると仮
定し，後件において表現者の判断・態度を表す」とされている。⑤は「ナラ形
式の表現表現の一用法であるというよりは，タラ形式の変異形と見なすべ」
だとしている。また，⑥は「仮定を表す用法とは別の（従って，条件用法と
は別の）独立した一つの用法であると思われる」とされている。⑦は「多くの
形式に見られる重要な用法である。もしも，このような事実的用法を条件
表現の中に組み込む必要があるということになれば，本節で暫定的に設定
した条件表現の規定は不十分なものであり，今後の課題として，改めて，
条件表現とは何かという根本的な問題に取り組むことが要請される」とし
ている。久野(1973)の「根拠による推論(ナラⅠ)なのか，取敢えず可能な事
態としてpを設定してqを導く(ナラⅡ)か」というった分類に従うと事実的用
法⑦はやはりナラⅠに近いものである。そのため本論では暫定的に⑦をナ
ラⅠの分類に入れることにする（本論でいうナラⅠと久野(1973)のナラⅠは
必ず一致するとは限らないものの，本論では便宜上新しい用語を使わず，
ナラⅠとナラⅡと言う用語をそのまま使う。また、本論でいうナラⅠの定
義は暫定的に「根拠による推論」とする）。

　　＜表1＞　従来の研究でのナラの分類

益岡	久野	綱浜
②「(の)ナラ」聞き手に関して観察される様子	ナラⅠ	ナラ c
①「(という)(の)ナラ」pは聞き手から得た情報		
⑦「(の)ナラ」pは現実の事態（話し手が事実と認めている事態）		
③「モシ＋ナラ」：典型的な仮定の表現	ナラⅡ	ナラ b
④タナラ：「モシ＋タナラ」反事実的条件文		

3　ナラ形式の本論でのまとめ

　　従来の研究でのナラの分類を本論では次のナラⅠとナラⅡに分類した。

　ナラⅠ：他者（典型的には聞き手）の意向・主張と，それを根拠とする話し手の発話意図（決意・判断・要求）を表す条件表現であり，ナラⅡと違って根拠（新規獲得情報および既然の事実もしくは話し手が事実と認めている事態）を元に行う推論である。

　○用法：「ノナラ」と互換性を持つ。pは聞き手から得た情報の場合「トイウ（ノ）ナラ」で表現することが可能。

　ナラⅡ：ナラⅠと違って仮定表現であり，ある事態の真偽や実現可能性などに関して取敢えず可能な事態として話し手がp（前件の命題）を設定し，それを土台にしてQ（後件の命題）を導く。

　○用法：仮定を表す副詞「モシ」と共起する場合が多い。「トスレバ」と置き換えが可能。

　ナラⅠとナラⅡの相違：

　仮定表現のナラⅡは，前節の命題が真偽不明（成立するか否か）の段階に（条件成立のための）設定時をおくとすると，その設定時において当該の出来事はまだ成立していないことを表す。そのため，肯定・否定といった二つの分岐的条件を定義することが可能になる(18)。

　(18) ナラⅡ（仮定文）

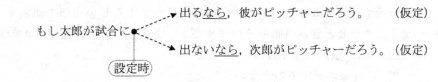

もし太郎が試合に
→出る<u>なら</u>，彼がピッチャーだろう。　　　（仮定）
→出ない<u>なら</u>，次郎がピッチャーだろう。（仮定）
設定時

　それに対して，ナラⅠは既然の情報（前件）を根拠とする話し手の（決意・判断・要求などといった）発話意図（後件）を表す形式であり，とりあえず他者から獲得した情報を真であるとした上での話者の判断を述べるものである。従って，ナラⅠは(18)と違って前節の命題（他者から獲得した情報）が既に成り立っていると想定或いは断定）する段階に（条件成立のための）設定時をおく。言い換えると，獲得情報が真である場合のみ想定し($19B_1$)，獲得情報が偽である場合を想定しない($19B_2$)。

（19）ナラⅠ（根拠による推論）

A「太郎が試合に出るんだって」　　　　　設定時

B₁　「へえ，太郎が試合に出るのなら，彼がピッチャーだろうね。」

（根拠に
よる推論）

B₂ ×「へえ，太郎が試合に出ないのなら，次郎がピッチャーだろうね。」

（根拠に反する推論）

第2節　ナラ条件文と中国語の"那么"形式

1　はじめに

第1節でも触れたようにナラ形式は，ナラⅠとナラⅡを区別できるはっきりした言語的標識がないといえる．例えば，

(01) 太郎が試合に出るなら，彼がピッチャーだろうね

の場合，根拠による推論(ナラⅠ)なのか仮定文(ナラⅡ)なのか，上下の文脈を見てない限りにはわからない場合が多い．他人から「今日太郎が試合に出る」ことを聞いてからの文脈では(02a)，今日誰が試合に出るかまだ分からない場合には(02b)になる．

(02) a. 太郎が試合に出る(の)なら，彼がピッチャーだろうね
　　　b. (もし)太郎が試合に出るなら，彼がピッチャーだろうね

もちろん「ノナラ」で言えることはナラⅠであることの証拠であり，仮定を表す副詞「モシ」を付けることはナラⅡである場合が多いといえる．但し，ナラⅡは仮定を表すといっても次の(03)のように副詞「モシ」をつけにくい場合もある．

(03) 目的地に着いたなら，すぐに連絡してくれ．

このように，日本語のナラ条件文は，ナラⅠとナラⅡを明確に区別できる有標形式がないといえるだろう．また，根拠による推論を表すナラⅠはナラⅡと同じく仮定を表す副詞「モシ」と共起する場合もあるが，このようなナラⅠの多義性は，以下中国語と対照しながら詳しく見ていくことにする．

2　ナラの〔＋仮定性〕と〔－仮定性〕

中国語の場合，日本語のナラ形式に対応する形式"那么"がある。『日中・中日辞書』では"那么"について次のように解釈している。

〔接続詞〕(結果や判断を表す文の冒頭に用いる)ならば。それでは。

① 如果你认为可以这么办,那么咱们就赶快去办吧!／もし君がこんなふうにやってもいいと思うなら,早速やることにしよう。

② 海上风不大吗? 那么,船马上就起锚!/海上は風が強くないのか,それでは船はすぐ出帆だ。

例①は"如果 p,那么 q"が「もし p,なら q」に訳されている場合の例である。

例②は複文に直すと次の(14)のようになる。

(04) 既然海上风不大,那么船马上就起锚!/海上は風が強くないというなら，船はすぐ出帆だ。

(04)は"既然 p,那么 q"がナラ形式に対応する例である。実際ナラⅠが"如果 p,那么 q"と"既然 p,那么 q"に,両方に訳されている場合の例は数多くある。

(05) a. 清は時々台所で人の居ない時に「あなたは真っ直でよい御気性だ」
と賞める事が時々あった。然しおれには清の云う意味が分からなかった。好い気性なら清以外のものも，もう少し善くしてくれるだろうと思った。　　　　　　　　　　　夏目漱石『坊ちゃん』

b. 清婆时常趁别人不在厨房里的时候,夸奖俺说:"哥儿您正直,天性善良。"但是对俺来说,却不明白清婆这样说,是什么意思。俺想:如果俺真的天性善良,那么除了清婆,其他人也该多少待俺好点儿吧。

　　　　　　　　　　　　　　　　　　　　刘振瀛 译《哥儿》

(06) a. むむ，諸君の言うことは好く解りました。それ程熱心に諸君が引留めたいという考えなら，そりゃあもう我輩だって出来るだけのことは尽します。　　　　　　　　　　　島崎藤村『破戒』

b. 嗯,你们说的我都明白。既然你们如此热情挽留,那么,在我来说,也应尽力而为。　　　　　　　　　柯毅文·陈德文 译《破戒》

このように，ナラ形式の中国語での対応形式は，基本的に"如果 p,那么 q"と"既然 p,那么 q"二つの形式があると考えられる。仮定を表す場合(ナラⅡも含めて)は，中国語では基本的に"如果 p,那么 q"で表す。仮定的でない事態を表す場合は中国語では"既然 p,那么 q"で表す。

(07) 話し手が p を〔+仮定性〕の事態として捉えている時：

　　"如果 p,那么 q"

(08) 話し手が p を〔－仮定性〕の事態として捉えている時：

　　"既然 p,那么 q"

1節で益岡分類①と益岡分類②が〔+仮定性〕の事態を表すとしたが，こ

の点は中国語と少し異なる点である。

3　ナラⅠの聞き手からの根拠と話し手の捉え方

3.1　聞き手から得た情報（他者の主張）

益岡分類①と②は，聞き手から得た情報もしくは聞き手に関して観察される様子を真と断定する（事実として扱う）ことができず，話し手はそれを真であると仮定するしかないとされているが，そのうち益岡分類①聞き手から得た情報の場合は，中国語では仮定的な表現として"如果（要是）"用いる場合と事実的表現として"既然"を用いる場合がある。

(09) a.「どうしても東京へお帰りにならないと言うのなら。―じゃあ，こにいらっしゃることですな。大阪へ帰るのだけはおやめなさい」

井上靖『明日来る人』

b."您要是怎么都不愿回京…那么就呆在这里如何?只是别回大阪。"

刘少华 译《情系明天》

(10) a.「三沢も来ますよ。そこで待ち合せる約束してあるんです」そう言ったので，杏子の気持は変った。三沢も来るというのなら克平も来るかも知れないと思った。　　　　　　　　井上靖『明日来る人』

b."三泽也来的,讲好在那里碰头。"经如此一说,杏子转了念头：既然三泽也来,那么克平也有可能出现。　　　刘少华 译《情系明天》

(10) は聞き手から得た情報を「杏子」が真と断定する（事実として扱う）ことができないはずである。それにもかかわらず中国語では事実的な表現として"既然 p,那么 q"で訳されている。実際に，聞き手から得た情報もしくは他者の主張を中国語では"既然"で表す場合が多く"如果"は滅多に使わない。では，"既然"と"如果"とはどのように使い分けられているのか。

(11) A:"纵使我没有直接说过,但你应该知道我喜欢你才是。"

B:"好,既然你说你爱我,我也相信你爱我。"　　　　苏浣儿《明姬》

（A:直接言ったことはなくても，私があなたを好きであることは分かっているはずだ。B:よし，私のことを好きだというなら私もそれを信じる）　　　　　　　　　　　　　　　　　　　　　　　（筆者訳）

(12) 既然你说要分手,那么就分手。我知道你的伤痕。我知道你的不舍,可是我也知道你的坚决。　　　　　　　　　　　（ネットブログより）

（別れようとあなたがいうのなら，別れましょう。あなたが傷付けら

れたこと，まだ未練を持っていることを分っているが，あなたが既に

きっぱりと決めていることもわかっている）　　　　　　　（筆者訳）

（12）では聞き手から得た情報（他者の主張）である「你 ‧ 我（私を好きであ

る）」を真であると認めようとする場合であり，仮定的な表現ではない。も

し「你 ‧ 我（私を好きである）」を仮定的に捉えるなら"既然"ではなく"如果"

を用いるはずである。

即ち，話し手が事実と認める場合とそうでない場合を中国語では"既然"と

"如果"に使い分けている。

（13）○聞き手からの情報（或いは他者の主張）を話し手が事実と認めている。

　　　……………………………………………………"既然 p,那么 q"

　　　○聞き手からの情報（或いは他者の主張）を話し手が真であると仮定

　　　する。………………………………………………"如果 p,那么 q"

3．2　聞き手に関して観察される様子（他者の意図・希望・感情）

　益岡分類②は，聞き手に関して観察される様子を真と断定する（事実とし

て扱う）ことができず，話し手はそれを真であると仮定するしかないとされ

るが，「聞き手に関して観察される様子（他者の意図・希望・感情）」は事実と

して扱うことができないため，中国語では普通"如果 p,那么 q"で表してお

り，"既然 p,那么 q"を用いることができない。（24,25）

（14）a．（相手の急いでいる様子を見て）急いでいるのなら，話は後にしよう。

　　　　　　　　　　　　　　　　　　　　　　　　　　　（蓮沼1985）

　　　b．如果你忙着要走,那么这事儿以后再说。

　　　cf．♯既然你忙着要走,那么这事儿以后再说。

（15）a．（なかなかお金を払おうとしない相手の様子を見て）お金がないの

　　　なら，今払ってもらわなくてもいいよ。　　　　　（蓮沼1985）

　　　b．如果你现在没钱,那么以后再付款也可以。

　　　cf．♯既然你现在没钱,那么以后再付款也可以。

　この点は4.1の「聞き手から得た情報（もしくは他者の主張）」とは異な

る。4.1のは「聞き手から得た情報（もしくは他者の主張）を話し手が事実と

認めている場合」と「話し手が真であると仮定する場合」といった二つの場合

があるからである。

　ただし，次の(16a)のように相手が「今すぐ出かけなきゃならない」という
にも関わらず，そのような相手の主張を事実と認めようともせず仮定的な
言い方をすると相手に失礼な言い方にしかならない(16c)。余程相手が嘘つ
きであり，相手の主張に疑問を持っているといった状況以外は(16c)のよう
な「もし急いでいる(ことが本当である)のなら話は後にしよう」といった表
現は使えない。かといって他者から得た情報を話し手がいつも事実的に扱
うこともできない。その点副詞モシを用いない(16a)はニュートラルな表現
であり，どちらからも解釈が可能である(中国語でも副詞"如果""既然"を
使わず"p,那么 q"といったニュートラルな表現がある)。

　(16) a.（今すぐ出かけなきゃならないと言われて）急いでいるのなら，話
　　　　　は後にしよう。

　　　　b.既然你忙着要走,那么这事儿以后再说。

　　　　　　　　　　　　　　　　　　　　（話し手が事実として認める）

　　　　c.如果你真的忙着要走,那么这事儿以后再说。

　　　　　　　　　　　　　　　　　　　　　（話し手が真であると仮定）

　(17) a.（相手にお金がないと言われて）お金がないのなら，今払ってもら
　　　　　わなくてもいいよ。

　　　　b.既然你现在没钱,那么以后再付款也可以。

　　　　　　　　　　　　　　　　　　　　（話し手が事実として認める）

　　　　c.如果你现在真的没钱,那么以后再付款也可以。

　　　　　　　　　　　　　　　　　　　　　（話し手が真であると仮定）

　中国語の場合は日本語と違って，仮定を表す副詞"如果"と事実を表す副
詞"既然"どちらかを用いて仮定・非仮定をはっきりさせる場合が多い(16,
17)。相手に「今すぐ出かけなきゃならない」と言われて"既然 p,那么 q"形式
で返事すると相手が言ったことを事実として認めた上での判断になる
(17b)。しかし，相手に「今すぐ出かけなきゃならない」と言われたにもかか
わらず"如果 p,那么 q"で返事すると相手の発言について疑問を持っている
といったニュアンスを持つ場合が多い。

　以上のように，中国語では聞き手からの情報か聞き手に関して観察され
る様子かより，話し手がそれを事実と認めるかどうかによって"如果"と"既

然"に使い分けられていることがわかる。これらを表にまとめると次のようになる。

<表2>　ナラ I の分類と中国語との対応関係

日　本　語	中　国　語	
②聞き手に関して観察される様子（他者の意図・希望・感情など）	話し手が真であると仮定する	"如果 p, 那么 q"
①p は聞き手から得た情報（他者の主張）	話し手が事実と認めている事態	"如果 p, 那么 q"
⑦p が現実の事態		"既然 p, 那么 q"
聞き手からの根拠	話し手の捉え方	中国語の形式

4　まとめ

　日本語の条件文のナラ形式を大きくナラ I とナラ II にわけている。中国語も"如果 p, 那么 q"と"既然 p, 那么 q"二つにわけている。基本的にナラ I が"既然 p, 那么 q"に，ナラ II が"如果 p, 那么 q"に対応すると思いがちだが。本論での考察で中国語の"如果 p, 那么 q"がナラ II だけではなく，ナラ I の場合も使えることを確認した。これらをまとめると表3のようになる。

<表3>　ナラ I と中国語との対応関係

日　本　語		中　国　語	
（もし）p なら q	聞き手の様子（他者意図・希望・感情など）	話し手が真であると仮定する	如果 p, 那么 q
p（という）なら q	聞き手から得た情報（他者の主張など）		如果 p, 那么 q
p なら q	p が現実の事態	話し手が事実と認めている事態	既然 p, 那么 q
日本語の形式	聞き手からの根拠	話し手の捉え方	中国語の形式

　このようなナラ I・ナラ II と"如果 p, 那么 q""既然 p, 那么 q"の意味・用法的相違は日中両語の文法体系の相違によるものだと考えられる。膠着語である日本語は階層的分類として b 段階（ナラ II）と c 段階（ナラ I）に分ける

ことが可能であるが，孤立語である中国語は"那么"形式を語彙的に共起する副詞の相違から"既然 p，那么 q"と"如果 p，那么 q"に分けているといえる。また，日本語は「聞き手からの根拠」を元に推論を行うのに対して，中国語は「話し手の捉え方」として事実か仮定かを分けている。

5　おわりに

4.2でも触れたように中国語でも副詞"如果""既然"を使わず"p，那么 q"形式でニュートラルに表す場合がある。また，ナラ形式にあたる"那么"そのものが省略される場合もある。更に，対訳例からは"那么"だけではなく"就"を用いる場合が多いことも分かった。

＜表4＞日本小説とその訳本におけるノナラの対訳例の統計①

前件＼後件	"那么"型	"就"型	ゼロ型	合計
"如果"系	如果 p，那么 q (13)	如果 p，就 q (18)	如果 p， q (49)	"如果"系合計 (80)
"既然"系	既然 p，那么 q (6)	既然 p，就 q (7)	既然 p， q (8)	"既然"系合計 (21)
ゼロ系	p，那么 q (5)	p，就 q (6)	p, q 及び他訳 (23)	ゼロ系合計 (34)
合計	"那么"型合計 (24)	"就"型合計 (31)	ゼロ型合計 (80)	「ノナラ」総計 135 個

中国語の"就"形式は基本的にト・タラ・バ形式に対応すると思うが，その点については次のようなことが考えられる。①ナラⅡもb段階であり，ナラⅡの場合ト・タラ・バ形式と交換性がある場合が多いことによるものだと

---

① ナラ形式にはナラⅠとナラⅡを区別する言語標識がないため，日本語を母語にしない著者にとってはその区別が難しい。今回はナラⅠとほぼ同じ意味を表すノナラの対訳例を集めて整理したものである。調査対象は以下の20作品とその中国語訳である。（1.井上靖『あした来る人』2.夏目漱石『坊ちゃん』3.太宰治『斜陽』4.阿部公房『砂の女』5.田山花袋『布団』6.石川達三『青春の蹉跌』7.谷崎潤一郎『痴人の愛』8.三島由紀夫『金閣寺』9.大江健三郎『死者の奢り』10.『飼育』11.川端康成『雪国』12.谷崎潤一郎『痴人の愛』13.水上勉『雁の寺』14.武者小路実篤『友情』15.村上春樹『ダンス・ダンス・ダンス』16.『羊をめぐる冒険』17.赤川次郎『三毛猫ホームズの怪談18.『三毛猫ホームズの推理』19.『三毛猫ホームズの幽霊クラブ』20.『三毛猫ホームズの恐怖館』）

考えられる。②今回はナラⅠだけの対訳例を集める目的でノナラの対訳例を集めたが，そもそもナラ形式にはナラⅠとナラⅡを区別する言語標識がないため，（筆者を含めて）日本語を母語にしない人にとってはその区別が難しい。そのため中国語を母語にしている私達はどうしてもナラ条件文を中国語の"那么"条件文のように仮定（如果）か非仮定（既然）かにはっきり分けて捉えようとする。因みに中国語では仮定を表す場合の"那么"と"就"はその使い分けがはっきりしない。③また膠着語である日本語と違って孤立語である中国語の複文をb段階とc段階に分けるのが難しい。表4からも分かるように，実際の対訳例も下記の前件と後件の組み合わせといった9通りのパターンになっている。

　＜図1＞ナラに当たる中国語形式のパターン

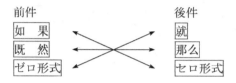

第Ⅳ部

日中両語の条件表現共通
モデルの構築にむけて

第１０章
日中両語の条件文の体系

第1節　各章のまとめ

1　はじめに

本論では，第Ⅰ部「序論」，第Ⅱ部「従来の研究と本論の立場」,第Ⅲ部「各条件形式の日中対照」三つの部分に分けて考察した．

1章では，日本語の条件文における形式と論理の問題，及び日中両語の条件表現の不一致をどういうふうに捉えたらいいかといった問題に触れた．2章は日本語の条件表現の従来の研究の問題点，3章は中国語の条件表現の従来の研究の問題点に触れた．4～7章では，日本語の条件表現事態連続を表すト形式，バ形式をはじめとした日本語の条件表現に見られる前提条件・必須条件，反事実仮定，ナラ条件文などについて対照的視点から考察した．もっと詳しくまとめると次のようになる．

2　各章のまとめ

2.1　第Ⅰ部　序論　（研究目的）

1章では，まず日本語と中国語の条件表現の形式的分類の不一致関係について以下2点取り上げた．

〇ト形式をはじめとする事態連続を表す条件表現が中国語では単なる事態連続を表すゼロ形式(非条件形式)に対応する場合が多いこと．

〇日本語では従来条件形式として研究されていない取立詞関連形式「てコソ/てはじめて」「場合(時)ダケ」などは，中国語ではそれに対応する形式"(只有)p,才 q"が条件形式として捉えられていること．

次に，バ形式をはじめとする日本語の条件形式が裏の意味を持っていて誘導推論を引き起こす問題を前提条件・必須条件の視点から分類し，前提条件構文・必須条件構文を条件文一般の研究へ位置づけるべきであることを提案した．

2.2　第Ⅱ部　従来の研究と本論の立場

第2章では，従来の日本語の条件文研究で問題にされた点は以下2点ある.

① 自然言語の条件文研究で提起されたさまざまな問題が日本語でどのように議論されるか.

② 日本語の条件文で提起されてきた問題が条件文一般の研究の中でどう議論されていくか.

以上の2点を踏まえた上で次のような問題を提起した.

① 条件文分類の問題（条件的・タクシス的）

② 条件文研究方法の問題（論理言語と条件文の関係）

③ 条件文記述研究の問題（期待性・反期待性，取立詞関連条件文）

その上，従来の研究を踏まえて日本語の条件文をまず次のように分類した.

「条件的・非条件的」立場から，次に，「一般的・非一般的」条件の立場から，更に「仮定的・非仮定的」立場から，といった3段階にわたって分類した.

第3章では，中国語の従来の複文の研究を踏まえて"就""才""那么"三形式を中心に次のように形式的，意味的に分類した.

Ⅰ 形式的分類

中国語の条件形式は主に"就"で表す. 前節に現れる副詞の種類によって条件的・タクシス的，仮定的・事実的などに分けることができる. 条件的表現としては基本的に前提条件を表す. その点必須条件を表す"才"と対偶的意味を持っている. 更に日本語のナラ形式に対応する"那么"があるが，"那么"が副詞"既然"と共起する場合基本的にナラⅠに，副詞"如果"と共起する場合基本的にナラⅡに対応する.

Ⅱ 意味的分類

中国語の条件文の意味的分類は，日本語と同じく「条件的・非条件的」立場から，次に，「一般的・非一般的」条件の立場から，更に「仮定的・非仮定的」立場から，といった3段階に分類した.

2.3　第Ⅲ部　各条件形式の日中対照

4章では主に事態連続を表すとされるト形式についてポテンシャル・アク

チュアルの立場からそれに対応する中国語の形式"就"について対照的考察をした．ポテンシャルなト形式は基本的に条件的表現になり，アクチュアルなト形式は基本的にタクシス的表現になる．

4章続きとして

5章では，ト形式はその殆どが中国語の"就"で表すことができるが，前節が表す事態が変化を表す＜時点＞の場合中国語では"一 p，就 q"で表しており，前節が表す事態が変化をもたらさない＜時段＞の場合は"p，就 q"か"正在 p 時候，就 q"を用いることも確認できた．

6章では条件文の前提条件・必須条件の立場から，バ形式を中心に条件文の裏の意味・誘導推論問題および反期待性の問題について考察し，次の3点にまとめた．

①日本語の条件形式の前件は，基本的に＜前提条件＞を表しているのに対して，バ形式の前件は，後件成立のための＜必須条件＞として解釈される場合がおおく，その条件をクリアして始めて後件が成立するという意味で「後件成立への期待の存在」がある．そのため後件には，反期待的な内容が現れない．

②バ形式が＜前提条件＞読みになる場合はト・タラ形式と同様，「前件成立に伴う当然たる結果（結論）」を表しており，反期待的内容も表し得る．

③（バ形式以外のト・タラ形式も含めて）条件文では＜必須条件＞読みの場合，前件をクリアしないと後件が成立しないとの意味で誘導推論を引き起こせるのに対して，＜前提条件＞読みの場合はそのような意味合いを持っておらず誘導推論を引き起こさない．

7章では6章の続きとして日本語と中国語の相違について次のようにまとめた．

中国語では前提条件と必須条件形式がはっきりと"（只要）p，就 q""（只有）p，才 q"二つに分かれているのに対して，日本語の条件形式（特にバ形式）は前提条件と必須条件の関係が曖昧であり，前提・焦点といった情報構造を表示する便利な標識はない．そのため取立て詞と併用しての形式「サエ…ば」「…てコソ」「…時ダケ」などで二つの条件関係を使い分けていると言えるだろう．

○前提条件：「pならばq」……………………………………"（只要）p，就 q"

○必須条件：「pならばq/pてコソq/p 時（場合）ダケq」……"（只有）p，才 q"

　第8章では，日本語には反事実仮定を表す明示的な言語形式がないのに対して中国語には反事実仮定専用形式"要不是 p，就 q"が存在する．しかし日本語の条件文タラ・バ形式に状態性述語を用いる場合，より一般的に反事実仮定に結びついている．中国語の仮定形式"如果 p，就 q"も状態性述語を用いる場合，反事実仮定を表す傾向があることを確認した．

　第9章「ナラ条件文」ではナラⅠを中心に中国語と対照的考察をした．ナラ条件文は従来ナラⅠとナラⅡに分けている．ナラⅡは仮定表現であり「トスレバ」と交換性を持っており，基本的に"如果 p，那么 q"に対応する．ナラⅠは根拠による推論である．そのため既然の根拠を元に行う推論である"既然p，那么 q"とナラⅠが対応すると考えがちだが，実はナラⅠにも仮定的に捉える表現がある．仮定的に捉えているか事実的に捉えているかは，聞き手から得た根拠(①聞き手に関して観察される様子(他者の意図，希望，感情など)，②聞き手から得た情報(他者の主張))を話し手がどう捉えているか(話し手の捉え方)に関わる．①は「聞き手から観察される様子」なので話し手が仮定的に捉えるしかならない．②「聞き手から得た情報」を話し手が事実と認めている場合は事実的な表現になるが，その真実がまた不明な場合は仮定的捉える．即ちナラⅠも話し手が事実と認めている場合は"既然 p，那么 q"に対応するが，話し手が仮定的に捉える場合は"如果 p，那么 q"に対応する．

3　おわりに

　以上のような日中両語の条件表現各形式の相違を踏まえて，日中両語の条件表現の共通モデル構築を目指す．その点次節で詳しく論じることにする．

第2節　日中両語の条件表現の体系

1　日本語の条件表現と中国語の条件表現の特徴

　膠着語である日本語はその文法的と特徴から大きく「ト・タラ・バ」と「ナラ」に分けている．これらの形式の間には，テンス・アスペクトの相違によりそれぞれ異なる意味と使い分けが見られる．本論では従来条件表現の研究で触れてなかった「てコソ（てハジメテ）・時（場合）ダケ」を新たに加えてこれらを＜前提条件・必須条件＞の立場から分類した．

　日本語と違って孤立語である中国語は，日本語の条件形式「ト・タラ・バ」にあたるもの副詞"就"がある．"就"が"如果""只要""一"などの語と共起して仮定を表したり，前提条件を表したり,事態連続を表したりする．つまり異なる副詞との組み合わせによって異なる意味を表す．中国語にも「てコソ（てハジメテ）・時（場合）ダケ」のように＜必須条件＞を表す"才"があり，ナラ条件文に当たる"那么"がある．

　本論では日中両語のこれらの形式を＜前提条件・必須条件＞といった視点から分類し，日中両語の条件表現に共通するモデルの構築を目指す．

2　日中両語の条件表現の共通モデル構築にむけて

　本論でいう＜前提条件・必須条件＞は，あくまで後件成立のために前件が表す役割なので，後件と前件の論理的関係になるといえよう．本論では今までこのような関係を「論理的」という表現を用いた．「論理的」というのは，前件と後件の組み合わせによって時間を超えて成り立つ一般的な因果関係を表すというものである．即ち，個別的事態が問題となるのではなく，事態間の一般的依存関係に対する認識を表すものであり，ポテンシャルな事態を表す．それに対して，時空間の中に実現する個別的事態間の依存関係を表す条件文には「タクシス的」と「仮定的」がある．「タクシス的」とは時間の流れの中の特定の時点において発生する事態を指しており，最もアクチュアルな事態を表す．その一方，「仮定的」とは時間の経過の中での発生という図式に限定される必要はなく，ある事態が時空間の中で実現するということだけが問題なのであり，その実現は特定の時空間での発生であっても特定の時空間における存在であってもかまわない．従って「仮定的」

表現はアクチュアルな事態，ポテンシャルな事態どちらも表すことができる．「論理的・仮定的・タクシス的」三者を＜ポテンシャル・アクチュアル＞の立場から分類すると次の図のようになる．

（01）＜図＞

(01) 〈図〉

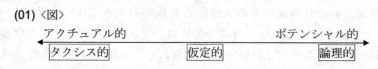

2.1　論理的関係から見た条件表現のモデル

　本論の6章では日本語の条件文を「論理的」関係という立場から，ト・タラ・バ形式を＜前提条件＞・＜必須条件＞に二分化した．更に，ナラ形式はこれらの形式と異なる範疇に属する根拠による推論なので別分類をしてきた．図で示すと次のモデルⅠのようになる．

（02）モデルⅠ

　日本語のト・タラ・バ形式は基本的に前提条件を表すとされるが，場合によって必須条件を表すことを本論では考察した．特にバ形式が必須条件を表す傾向があることを確認した．

　日本語にはその他，必須条件を表す専用形式もある．それは「てコソ/てハジメテ」「時ダケ/場合ダケ」であり，後件成立のための欠かせない条件＜必須条件＞しか表せない．まとめると次のようになる．

①ト・タラ・バ形式：基本的に前提条件を表すが場合によっては必須条件も表しうる．

②てコソ（てハジメテ）・時ダケ（場合ダケ）形式：必須条件を表す専用形式である．

　中国語では前提条件を表す"就"と必須条件を表す"才"がある．またナラ形式と同じく根拠による推論を表す"那么"がある．日中両語のこれらの形

式をモデルⅠに当て嵌めると次のようになる.

（03）モデルⅡ

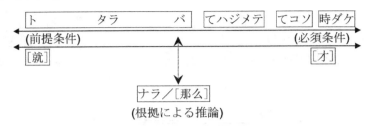

2.2　日中両語の条件表現共通モデル

日本語の条件表現は典型的には「ト・タラ・バ」形式がある.「ト・タラ・バ」形式はアクチュアルな事態を表す場合は「タクシス的」で，ポテンシャルな事態を表す場合は「論理的」である.また，アクチュアル・ポテンシャル事態どちらも表すことが可能な「仮定的」表現もある.その点（01）図で確認した.

即ち，「ト・タラ・バ」形式を大きく「タクシス的・仮定的・論理的」3分類することができる.これらの形式は「タクシス的・仮定的・論理的」どちらも表し得るが，特にバ形式は取立詞サエと共起して「サエ＋バ」形式で論理関係を表す専用形式（前提条件専用形式）になる.その他,「時ダケ/場合ダケ」「てコソ/てハジメテ」も論理関係を表す専用形式（必須条件専用形式）である.

中国語では"就"が典型的な条件表現であるといえる."就"は「タクシス的・仮定的・論理的」どちらも表し得るが,"一 p,就 q"はタクシス的関係を表す専用形式で,"如果 p,就 q"は仮定的関係を表す専用形式で,"只要 p,就 q"は論理的関係（前提条件）を表す専用形式である.論理的関係を表す専用形式にはその他に（必須条件を表す）"p オ q""只有 p,オ q"などがある.

また，仮定的である「ナラⅡ」と与えられた根拠による推論を表す「ナラⅠ」がある（ナラⅠにも仮定的表現があるがナラⅡの仮定表現とは本質的に異なるのである）.ナラⅠは与えられた根拠（前件）を元に推論を行い話し手の判断・態度（後件）を表明する形式であり，前件と後件が論理的関係を持っているといえる.仮定的ナラは中国語では"如果 p,那么 q"で論理的推論を表すナラは中国語で"既然 p,那么 q"で表す.

以上のことを元にタクシス的・仮定的・論理的という立場から日中両語の

条件表現の全体図として次のようにまとめられる.

（04）モデルⅢ

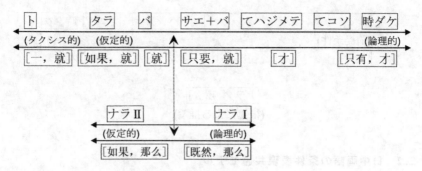

3　まとめと本論の意義

　本論の序論（1章）では日中両語の条件表現の捉え方（及び分類の）不一致性から生じる問題を本論では，条件表現を「タクシス的・仮定的・論理的」3分類し，そのうち，論理的関係を＜前提条件・必須条件＞の立場から日中両語の共通モデル構築を目指して考察を行った．

　本論では，真理関数的アプローチという立場を取らなかったものの，後件成立の条件という立場からの＜前提条件・必須条件＞の分類は，真理関数的アプローチと文法論的関連性理論をリンクするための一歩となる研究といえるかもしれない.

付　録

1　参考文献

1.1　日本語文献

- ア -

赤塚紀子・坪本篤朗1998『モダリティと発話行為』研究社出版.

有田 節子1991a「日本語の条件表現と叙述の特定性という概念についての一考察」
『日本語・日本文化』17.

有田 節子 1991b「日本語の反事実的条件文と述語の形式に関する一考察」
『Studium』18.

有田 節子 1992「日本語の条件と主題の融和について――談話におけるSetting 機能」
Proceedings of 14th Annual Meeting of the Kansai Linguistic Society 12.

有田 節子1993a「日本語の条件文と知識」『日本語の条件表現』益岡隆志 編，くろし
お出版.

有田 節子1993b「日本語条件文研究の変遷」『日本語の条件表現』益岡隆志 編，くろ
しお出版.

有田 節子2004「(不)完全時制節と日本語条件文」京都大学博士学位論文.

有田 節子2007『日本語条件文と時制節性』日本語研究叢書20，くろしお出版.

井上 優　2001「現代日本語の『タ』」『「タ」の言語学』つくば言語文化フォーラム 編，
ひつじ書房.

井上 優　2001「中国語・韓国語との比較からみた日本語のテンス・アスペクト」『(月
刊)言語』30－13特集：日本語のテンスとアスペクト.

井上 優 2003「文接続の比較対照―日本語と中国語」『言語(月刊)』32－3 (特集：つな
ぐ言葉).

網浜 信乃 1990「条件節と理由節―ナラとカラの対比を中心に―」『待兼山論叢　日本
学編』24.

今仁 生美 1993「否定量化文を前件にもつ条件文について」『日本語の条件表現』益岡
隆志 編，くろしお出版.

尾上圭介1998a「出来文(1)」『日本語学』17－6，明治書院.

尾上圭介1998b「出来文(2)」『日本語学』17－9，明治書院.

尾上圭介1999「出来文(3)」『日本語学』18－1，明治書院.

付　録

－ カ －

金水敏2000「時の表現」『時・否定と取立て』金水・工藤・沼田 著 岩波書店.

金水 敏・今仁 生美 2000『意味と文脈』現代言語学入門4. 岩波書店.

工藤真由美1995『アスペクト・テンス体系とテクスト』ひつじ書房.

工藤 浩2000「副詞と文の陳述的なタイプ」『モダリティ』森山・仁田・工藤 著 岩波
　書店.

国広 哲弥 1982『意味論の方法』大修館書店.

久野暲 1973『日本文法研究』大修館書店.

小出慶一・小松紀子・才田いずみ1981 「『ト，バ，タラ』──談話における選択要因
　を求めて──」『アメリカ・カナダ十一大学連合日本研究センター紀要』.

国立国語研究所1951『現代語の助詞・助動詞─用法と実例─』秀英出版.

国立国語研究所1964『現代雑誌九十種用語用字(3)分析』国立国語研究所.

－ サ －

齋藤了文・中村光世　1999『「正しく」考える方法』晃洋書房.

坂倉 篤義1958「条件表現の変遷」『国語学』33 .

坂原 茂1985『日常言語の推論』東京大学出版社.

坂原 茂1993 「条件文の語用論」『日本語の条件表現』益岡隆志 編，くろしお出版.

渋谷 勝己2002 「可能」大西 拓一郎 編『方言文法調査ガイドブック』科学研究費研究
　成果報告書.

徐揚1991「"オ"字説略──从日本学生的造句谈起──」『中国語学』238号.

菅原道明1991 『論理学的思考』北樹出版.

鈴木 義和1993a「ナラ条件文の意味」『日本語の条件表現』益岡隆志 編，くろしお
　出版.

鈴木 義和1993b「ナラ条件文の用法─聞き手との関係を中心に─」『園田語文』7.

－ タ －

田窪 行則1987「統語構造と文脈情報」『日本語学』16－5.

田窪 行則1993 「談話管理理論から見た日本語の反事実的条件文」『日本語の条件表
　現』益岡隆志 編，くろしお出版.

丹治信春1999『タブローの方法による論理学入門』 朝倉書店.

塚原 鉄雄1969 「と──接続助詞」『古典語現代語助詞助動詞詳説』松村 明 編，学
　灯社.

坪本 篤朗1993 「条件と時の連続性」『日本語の条件表現』益岡 隆志 編，くろしお
　出版.

－ ナ－

中山　英治2005「現代日本語におけるリアリティの研究」大阪府立大学博士学位論文.

仁田　義雄1995「シテ形接続をめぐって」『複文の研究（上）』仁田義雄編，くろしお
　　出版.

西山　佑司1999「語用論の基礎概念」窪田・西山・三藤・亀山・片桐 著『談話と文脈（言
　　語の科学7）』岩波書店.

沼田　善子 1992『「も」「だけ」「さえ」など—とりたて—（日本語文法ヤルフマスターシ
　　リーズ5）』くろしお出版.

沼田　善子2000「とりたて」金水・工藤・沼田 著『時・否定と取り立て』岩波書店.

－ ハ －

蓮沼　昭子1985　「ナラとトスレバ」『日本語教育』56.

蓮沼　昭子1987　「条件文における日常的推論——『テハ』と『バ』の選択要因をめぐっ
　　て——」『国語学』150.

蓮沼昭子 1993　「『たら』と『と』の事実的用法をめぐって」『日本語の条件表現』益岡
　　隆志 編，くろしお出版.

蓮沼昭子・有田節子・前田直子 2001『条件表現（日本語文法セルフマスターシリーズ
　　7）』くろしお出版.

－ マ －

前田　直子　1991a『『論理文』の体系性——条件文・理由文・逆条件文をめぐって——」
　　『日本学報』10.

前田　直子　1991b「条件文分類の一考察」『日本語学科年報』13 東京外国語大学.

前田　直子　2009『日本語の複文』くろしお出版.

益岡　隆志 1993a「日本語の条件表現について」，『日本語の条件表現』益岡隆志 編，
　　くろしお出版.

益岡　隆志 1993b「条件表現と文の概念レベル」，『日本語の条件表現』益岡隆志 編，
　　くろしお出版.

益岡　隆志 1995「時の特定，時の設定」『複文の研究（上）』仁田義雄編，くろしお出版.

益岡　隆志 1997『複文』新日本語文法選書2，くろしお出版.

益岡　隆志 2000「複文各論」『複文と談話』日本語の文法4，仁田・益岡 編集，岩波
　　書店.

益岡　隆志 2006「条件表現と事態の非現実性」『国語学研究』45　東北大学大学院文学
　　研究科「国語学研究」刊行会.

松下大三郎1928『改選標準日本文法』中文館/勉誠社.

付　録

三上 章 1953『現代語法序説』刀江書院.

三上 章 1959『構文の研究』東洋大学博士学位論文.

三上 章 1963『日本語の論理』くろしお出版.

三上 章 1972『現代語法序説』くろしお出版.

南 不二男1974『現代日本語の構造』大修館書店.

南 不二男1993『現代日本語文法の輪郭』大修館書店.

森田 良行1967「条件の言い方」『講座日本語教育』第三分冊.

森山 卓郎 1984「～するやいなや/～するがはやいか」『日本語学』特集：複合辞，明治書院.

森山 卓郎 2000「取り立て助詞の文末用法をめぐって」佐藤喜代治 編『国語論究』第10集．明治書院.

- ヤ -

ヤコブセンM．ウェスリー 1990「条件文における『関連性』について」『日本語学』9-4

山口 尭二1969「現代語の仮定条件法―『は』『と』『たら』『なら』について」『月刊文法』.

山中恵美子1995「『とりたて』という機能―「こそ」を中心に―」『日本語の主題と取り立て』益岡・野田・蓮沼　編 くろしお出版.

楊 凱栄 2001「中国語の"了"について」『「タ」の言語学』つくば言語文化フォーラム編，ひつじ書房.

- ラ -

李 光赫 2002「中国語の状況把握系推量表現について：『ようだ』『らしい』との対照を中心に」『国語学研究』41号.

李 光赫 2003「判断における『ソウダ』の意味とその周辺：『現実』と『非現実』の視点から」『国語学研究』42号.

李 光赫2005a「条件を表わす接続助詞トにおける日中対照」『国語学研究』44号.

李 光赫2005b「条件文の誘導推論をめぐる日中対照」日本語学会2005年度秋季大会予稿集.

李 光赫2006「条件文の誘導推論をめぐる日中対照 ：十分条件と必要条件を中心に」日本語学会2005年度秋季大会研究発表会発表要旨『日本語の研究』2巻2号.

李 光赫2007a『条件表現における日中対照研究』東北大学文学研究科国語学博士論文.

李 光赫2007b「条件文の前提条件・必須条件をめぐる日中対照」『国語学研究』46号.

李 光赫2010「バ形式の期待性と必須条件について」『国語学研究』49号.

李 光赫2011a『日中対照から見る条件表現の諸相』風詠社.

李　光赫2011b「ト形式の時間的限定性における日中対照」『日中言語対照研究論集』13号．白帝社．

李　光赫2011c「反事実仮定文における日中対照」『国語学研究』50号．

李　光赫2011d「期待性から見る日中条件表現の対照：中国語の"p，才 q"との対照を中心に」『言語科学論集』15号．

李　光赫2011e「根拠による推論形式における日中対照研究：ナラ I と"（既然/如果）p，那么 q"」『文芸研究』172集．

李　光赫・張建偉2012「必須条件を表す条件表現における日中対照：中国語の"（只有）p，才 q"との対照を中心に」『国語学研究』51号．

林　青樺 2004「事象達成から見た自動性のあり方をめぐって」『国語学研究』43号．東北大学大学院文学研究科．

林　青樺 2005「事象達成の観点から見たヴォイスの対立をめぐって」『日本語文法』5－1．

林　青樺 2009『現代日本語におけるヴォイスの諸相』日本語研究叢書22，くろしお出版．

1.2　英文文献

Alfonso, Anthony, 1966, Japanese Language Patterns ：A structural Approach, Vol. 2, Tokyo：Sophia University Press.

Akatsuka, Noriko, 1985, "Conditionals and epistemic scale" *Language* 61.

Akatsuka, Noriko, 1986, "Conditionals are discourse－bound", in Elizabeth C. Traugott, et al., eds., *On Conditionals* , Cambridge University Press.

Brown, P. and Levinson, S. （1987）Politeness：Some Universals in Language Usage. Cambridge University Press.

Grice1998『論理と会話』ポール・グライス著 清塚邦彦訳 勁草書房．

McGloin，N. H. 1976 'Negation' in Shibatani，M.（ed.），*Syntax and Semantics* vol. 5. pp371－419. Academic Press，New York.

Geis，M. L. and A Zwicky，1971，"On invited inference"，*linguistic Inquiry* 2.

Inoue Kazuko 1979 "On conditional connectives"，『日本語の基本構造に関する論理的実証的研究』文部省科学研究費特定研究報告

1.3　中国国内文献

白梅丽1987〈现代汉语中"就"和"才"的语义分析〉《中国语文》第五期．

陈中干1995《现代汉语复句研究》語文出版社．

戴耀晶1997《现代汉语时体系统研究》浙江教育出版社．

付　録

丁声树 等1963《现代汉语语法讲话》北京·商务印书馆.

方玉清2001《实用汉语语法(修订本)》北京大学出版社.

高名凯1986《汉语语法论》北京·商务印书馆.

龚千炎1995《汉语的时相时制时态》商务印书馆.

胡裕树1984《现代汉语》上海·上海教育出版社.

胡树鲜1990《现代汉语语法理论初探》中国人民大学出版社.

黄伯荣·廖序东1991《现代汉语》增订版,北京·高等教育出版社.

李光赫2011〈必須条件から見る条件表現の両面性〉《日本语言文化研究》第
　　四辑.

李光赫·张北林2011a〈事態連続表示文の日中対照研究〉《日语教育与日本学研
　　究》.

李光赫·张北林2011b〈「ようだ」「らしい」的日汉对比(1—4)〉《日语知识》2011
　　(6—9).

李光赫·张北林2011a〈既然性を表わす「ナラⅠ」条件文におけろ日中対照〉《日
　　语教育与日本学研究》第二辑(上).

李光赫·张建伟2011b〈「ようだ」「らしい」的日汉对比(5—7)〉《日语知识》2011
　　(10—12).

李光赫·张建伟2012〈条件复句的日汉对比(7—12)〉《日语知识》(7—12).

李临定1990《现代汉语动词》中国社会科学出版社.

李英哲·郑良伟·Larry Foster·贺上贤·侯炎尧·Moira Yip 编著，熊文华 译，
　　《实用汉语参考语法》北京语言学院出版社.1990.

李宇明 2000《汉语量范畴研究》华中师范大学出版社.

李向农1997《现代汉语时点时段研究》华中师范大学出版社.

黎锦熙·刘世儒1962《汉语语法教材》北京·商务印书馆.

黎錦熙1924《新著国语文法》北京·商务印书馆.

吕叔湘1982《中国文法要略》北京·商务印书馆.

吕叔湘·朱德熙1978《语法修辞讲话》北京·中国青年出版社.

马庆株 1992《汉语动词和动词性结构》北京语言学院出版社.

王 力1985《中国现代语法》北京·商务印书馆.

王维贤 等1994《现代汉语复句新解》上海·华东师范大学出版社.

邵敬敏1997〈从"才"看语义与句法的相互制约关系〉《汉语学习》第三期.

邢福义1985《复句与关系词语》哈尔滨·黑龙江人民出版社.

邢福义 1993〈前加特定形式词的"一 X,就 Y"句式〉《邢福义自选集》河南教育

出版社.

邢福义1995《语法问题思索集》北京语言学院出版社.

邢福义 2001《汉语复句研究》北京·商务印书馆.

徐阳春 2002《现代汉语复句句式研究》中国社会科学出版社.

余致纯1987《新体系语法及修辞》余致纯主编，杜泽民·彭京宜·余致纯 著，成都
　　科技大学出版社.

岳中奇2000〈"才""就"句中"了"的对立分布与体意义的表达〉《语文研究》第
　　三期.

张北林2011〈『現代日本語書き言葉均衡コーパス』における複合動詞『～切る』
　　と『～切れる』に関する一考察〉《日本文化论丛》第6辑.

张北林·李光赫2011a〈「国会会議録検索システム」における敬語の通時的研
　　究〉《日本语言文化研究》第四辑.

张北林·李光赫2011b〈日本語能力試験複合辞の出題トレンド：一級文法部
　　分を中心に〉《日语教育与日本学研究》.

张北林·李光赫2012〈『テモ』の再分類と日中対照研究〉《汉日语言研究对比
　　论丛》第3辑.

张北林·邢文柱2012〈复合动词用法一考(1－3)〉《日语知识》(1－3).

张建伟2006〈程度副词与否定表达方式的搭配关系研究—以"非常に·極めて·
　　少し＋不○○"为例〉《日语学习与研究(增刊)》4期

张建伟·李光赫2012〈条件复句的日汉对比(1－6)〉《日语知识》(1－6).

张　静1980《新编现代汉语》上海·上海教育出版社.

张志公1982《现代汉语(上·中·下)》张志公主编 人民教育出版社.

张谊生·吴继光1994〈略论副词"才"的语法意义〉邵敬敏主编《语法研究与语法
　　应用》北京语言学院出版社.

张谊生1996〈现代汉语副词"才"的句式与搭配〉《汉语学习》第三期.

张谊生2000《现代汉语副词研究》学林出版社.

赵恩芳·唐雪凝1998《现代汉语复句研究》山东教育出版社.

赵宏·张建伟2009〈从速记资料看日语程度副词的文本特征〉《日本文化论丛》
　　10期.

2　用例出典

2.1　辞書関連

『日中対訳コーパス』CD－ROM版，北京日本学研究センター編.

付　録

『日中・中日辞典』CHINESE－WRITER V8，　CD－ROM 版，高電社．

『大辞林』（第2版）松村明／編　　三省堂編修所／編 1999年

『大辞泉』松村明 編　小学館　1998

『広辞苑』第五版 1999，編者：新村 出　株式会社岩波書店

オンライン図書館『青空文庫』（http：//www.aozora.gr.jp/）

YIFANPUBLIC LIBRARY『亦凡公益图书馆』（http：//www.shuku.net/）

2.2　小説関連

①　　日本小説

（『日中対訳コーパス』CD－ROM 版に収録作品）

安部公房『砂の女』（《砂女》译者：杨炳辰 张义素等，珠海出版社）

井上 靖『明日来る人』（《情系明天》译者：林少华，北岳文艺出版社）

夏目漱石『こころ』（《心》译者名：董学昌，湖南人民出版社）

夏目漱石『坊ちゃん』（《哥儿》译者：刘振瀛，人民文学出版社）

芥川龍之介『羅生門』（《罗生门》译者：楼适夷，中国世界语出版社）

三島由紀夫『金閣寺』（《金阁寺》译者：焦同仁 李征，工人出版社）

水上勉『越前竹人形』（《越前竹偶》译者：柯森耀 吴树文，上海译文出版社）

水上勉『雁の寺』（《雁寺》译者：何平 一凡，海峡文艺出版社）

石川達三『青春の蹉跌』（《青春的蹉跌》译者：金中，云南人民出版社）

川端康成『雪国』（《雪国》译者：叶谓渠，译林出版社）

泉鏡花『高野聖』（《高野圣僧》译者：文洁若，人民文学出片社）

太宰治『斜陽』（《斜阳》太宰治 译者：张嘉林，上海译文出版社）

大江健三郎『死者の奢り』（《死者的奢华》译者：李庆国，明日报出版社）

大江健三郎『飼育』（《饲育》译者：沈国威，光明日报出版社）

谷崎潤一郎『痴人の愛』（《痴人之爱》译者：郭来舜 戴璨之，陕西人民出版社）

田山花袋『布団』（《棉被》译者：黄凤英）

武者小路実篤『友情』（《友情》译者：冯朝阳，青海人民出版社）

②　　中国小説

（『日中対訳コーパス』CD－ROM 版に収録作品）

阿城『チャンピオン』（原題：《棋王》四川文艺出版社）

王蒙『応報』訳者：林芳（原題：《活动变人形》人民文学出版社）

史鉄生『遥かなる大地』（原題：《插队的故事》）

張愛玲『傾城の恋』訳者：池上貞子 平凡社1995（原題：《傾城之恋》安徽文芸出版社）

陳建功『棺を蓋いて』訳者：岸陽子・斎藤泰治 早稲田大学出版部1993（原題：《盖棺》华夏出版社）

巴金『家』訳者：飯塚朗 岩波書店1956（原題：《家》人民文学出版社）

矛盾『霜葉は二月の花に似て紅なり』訳者：立間祥介 岩波書店1980（原題：《霜叶红似二月花》人民文学出版社）

楊沫『青春の歌』島田政雄・三好一訳　青年出版社 1977（原題：《青春之歌》北京十月文芸出版社）

魯彦周『天雲山伝奇』訳者：田畑光永 田畑佐和子亜紀書房1981（原題：《天云山传奇》安徽人民出版社）

老舎『駱駝祥子』訳者 立間祥介（原題：《骆驼祥子》人民文学出版社1955）

諶容『北京の女医』訳者：田村年起 第三文明社1984（原題：《人到中年》百花文芸1955）

③その他の小説

赤川次郎『三毛猫ホームズの怪談』/光文社電子書店 1999年.

（中国語訳：《三毛猫怪谈》訳者不明 YIFAN PUBLIC LIBRARYより）

赤川次郎『三毛猫ホームズの恐怖館』光文社電子書店2000年.

（中国語訳：《三毛猫恐怖馆》訳者不明 YIFAN PUBLIC LIBRARYより）

赤川次郎『三毛猫ホームズの推理』光文社電子書店1999年.

（中国語訳：《三色猫探案》訳者不明 YIFAN PUBLIC LIBRARYより）

赤川次郎『三毛猫ホームズの追跡』光文社電子書店1998年.

（中国語訳：《三色猫追踪》訳者不明 YIFAN PUBLIC LIBRARYより）

赤川次郎『三毛猫ホームズの幽霊クラブ』光文社電子書店2002年.

（中国語訳：《三色猫幽灵俱乐部》訳者不明 YIFAN PUBLIC LIBRARYより）

村上春樹『羊をめぐる冒険』講談社1994年.

（中国語訳：《寻羊冒险记》林少华 訳 YIFAN PUBLIC LIBRARYより）

村上春樹【ダンス・ダンス・ダンス】講談社1988年.

（中国語訳《舞舞舞》林少华 訳 YIFAN PUBLIC LIBRARYより）

后　记

　　本书是在李光赫2007年1月于日本东北大学文学研究科提交的博士论文『条件表現における日中対照研究』以及2011年于风咏社（日本·大阪）出版的专著『日中対照から見る条件表現の諸相』的基础上，加入归国后近五年来与张北林、张建伟两位老师共同研究的成果后整理而成的，可以说是前期著作的升级版。本书意在捕捉和发现中日两种语言条件表达体系的异同。但由于本团队水平有限，书中不当之处在所难免，敬请专家和读者斧正。

　　回国后在大连理工大学外国语学院前任院长杜凤刚教授的亲切关怀下，有幸得以在大连理工大学一边执教一边继续从事日语研究。这一期间，我与同事张北林以及大连外国语学院的张建伟两位老师组成研究团队，就日语和汉语的条件复句等进行了共同研究和深入的探讨，在国内刊物上陆续发表论文近30篇，在国外刊物及学会上发表论文近10篇。

　　当然这些成果的取得，也离不开其他领导的关怀和同事以及同行的帮助。首先，大连理工大学外国语学院秦明利院长、陈海庆书记等领导给予了作者无微不至的指导与关怀，没有两位领导的关怀，本研究团队就无法取得今天的研究成果，更无法完成这本著作。其次，在教学及日常生活方面，日语系的李筱平教授、孟庆荣主任、由志慎副院长以及其他同事们都给予了我们无微不至的帮助，在此表示深深的谢意！另外，非常感谢大连外国语学院张岩红教授长年悉心指导和鞭策。

　　[本书为大连理工大学外国语学院"十二五"发展规划中的学术著作出版计划之一，是大连理工大学基本科研业务费专项项目（立项编号：DUT12RW412、DUT11RW426）、大连市社科联项目（立项编号：2011DLSK155)和辽宁省社会科学规划基金项目（立项编号：L07BYY003)的阶段性成果。]

李光赫

2012年7月